¿Qué haces con tu vida?

CLARA LÓPEZ VELASCO

¿Qué haces con tu vida?

Una autoguía para crear, por fin, la vida que deseas

Grijalbo

Papel certificado por el Forest Stewardship Council®

MIXTO
Papel | Apoyando la silvicultura responsable
FSC® C117695

Penguin Random House Grupo Editorial

Primera edición: abril de 2024

Printed in Spain – Impreso en España

ISBN: 978-84-253-6652-9
Depósito legal: B-1.795-2024

Compuesto en Compaginem Llibres, S. L.
Impreso en Gómez Aparicio, S. L.
Casarrubuelos (Madrid)

GR 6 6 5 2 9

Para los que crecen

ÍNDICE

INTRODUCCIÓN

Me gusta hacerme preguntas y ver lo que surge. Afrontar la vida con curiosidad. Este libro nace de la idea de que no existen respuestas correctas para todos, solo personales. No hay una forma correcta de vivir. Por eso, más que una guía, es una autoguía. Un lugar para reflexionar, identificar lo que quieres, trabajar en tus objetivos y conseguir hábitos duraderos pero flexibles. Crear la vida que quieres vivir. Para ejemplificar esto, he querido compartir en cada sección experiencias de personas que me inspiran. Todas ellas tienen una visión única de la vida que les funciona y acompaña. Aun así, este libro no es un sustituto de la terapia psicológica, y si estás pasando por un mal momento lo más útil siempre va a ser obtener ayuda profesional.

Como recién graduada en Psicología, quería que este libro fuera un pequeño proyecto de investigación para descubrir lo que dicen distintos estudios e intelectuales sobre el diseño de vida. Para identificar qué cosas son útiles a la hora de estar enfocados, gestionar nuestra falta de inspiración o llevar hábitos que nos funcionen. Quería combinar la ciencia con una práctica introspectiva y personal como es el journaling, para ayudarte a aplicar todo lo que aprendamos juntos. Porque es cuando nos escuchamos cuando podemos hallar lo que necesitamos y aprender a crearlo para nosotros mismos. Cualquier momento de tu vida es bueno para empezar a conocerte mejor o plantear cambios.

Ante todo, lo más importante es disfrutar del proceso de crecimiento porque el instante en el que te hallas es todo lo que tienes. La realidad es que cuando consigas aquellas cosas que quieres ahora, probablemente encuentres muchas más en las que quieras trabajar. Es natural tener esa visión de futuro, pero que no te quite de valorar lo que es tu vida ahora. Eres suficiente. Si estás aquí es porque no tienes todas las respuestas, y ese es un lugar genial por donde empezar.

¿Cómo consigues respuestas? Haciendo preguntas como... ¿qué haces con tu vida?

Esto es lo que vas a encontrar en las próximas páginas del libro que tienes entre tus manos:

El primer capítulo se centra en la vida que quieres. Aquí, aprenderemos a evaluar nuestra vida para empezar a pensar en lo que queremos de ella. Nos conoceremos para luego marcar objetivos efectivos que nos funcionen a nosotros y gestionarlos de forma que podamos cumplirlos. Como este capítulo está más centrado en ti y lo que sientes y piensas, habrá un énfasis mayor en la escritura. Conforme avancemos en los siguientes capítulos aprenderemos más sobre estudios psicológicos y la ciencia del diseño de vida para poder aplicar estos nuevos conocimientos a nuestra vida.

El segundo capítulo está enfocado en nuestros obstáculos —las cosas que evitan que vivamos como queremos vivir—. ¿No avanzas en tus proyectos importantes? ¿Pasas horas perdiendo el tiempo? ¿Estás bloqueado? Aprenderemos a gestionar las distracciones, la procrastinación y las emociones negativas. Todo esto desde un lugar de aceptación, aprendiendo a escuchar nuestras emociones para poder crecer con ellas de forma adaptativa.

El tercer capítulo trata sobre las rutinas. Vamos a indagar en la ciencia del comportamiento para entender cómo funcionan los hábitos y cómo hemos acabado con todas esas rutinas en nuestra vida, para bien o para mal. De esta forma, descubriremos cómo dejar atrás hábitos que no nos suman para poder crear otros nuevos que nos den apoyo día a día.

El cuarto capítulo consiste en consolidar los aprendizajes con los que hayas conectado más a lo largo de tu lectura. Compartiré herramientas que pueden ayudarte a crear un nuevo comienzo y poner en práctica todos tus conocimientos actuales. Finalmente, también podrás probar una variedad de ejercicios de journaling del día a día, por si quieres seguir escribiendo de forma regular.

SOBRE EL JOURNALING

¿Has hecho journaling alguna vez? Plasmar nuestros pensamientos sobre el papel es uno de las pocos actos que nos hacen plenamente conscientes de nuestro diálogo interno. De nuestras opiniones, preocupaciones y motivaciones. ¡Tener una conversación contigo mismo no es cosa de locos! A todos nos pasa, aunque no siempre nos paremos a hacerlo conscientemente.

La teoría psicológica constructivista sugiere que los seres humanos somos constructores activos de la realidad que experimentamos. Aunque no podamos controlar todo lo que nos pasa, creamos el sentido de nuestras experiencias a través de cómo las procesamos y de las vivencias anteriores. Desde esta forma de pensar, escribir no es solo una manera de anotar información, sino una herramienta para encontrar el sentido a las cosas que experimentamos. Refiriéndose a esto, el escritor Peter Elbow dijo que la escritura «era más que la transmisión del sentido, era la creación del sentido» (1). Podemos usar la escritura para reformular y comprender nuestras emociones y experiencias, examinar problemas desde diferentes perspectivas o entendernos a nosotros mismos con relación a los demás.

En este libro, podrás llevar a cabo distintos ejercicios guiados de escritura para ayudarte a crear este sentido y aplicar las cosas de las que hablemos. Puedes escribir en tu propio libro, crear un journal aparte o pegar pósits si no quieres escribir directamente aquí. Aun así, la escritura tampoco es la única forma de comprendernos y guiarnos. Personalmente, siento que **la escritura individual nos da más intimidad y calma para reflexionar**, pero hablar con amigos o personas de confianza también es una gran forma de expresión. Por eso, otra opción es crear conversaciones a partir de las preguntas presentadas en el libro, si lo prefieres. Si es la primera vez que haces journaling, esto no tiene por qué acabar aquí. En el último capítulo hablaremos más sobre seguir escribiendo más allá de estos ejercicios e incorporar esta práctica en tu día a día.

Lo bueno de escribir por y para ti mismo es que no hay una única forma correcta de hacerlo. La escritura es privada y no hay nadie juzgándote. Creo que esto hace que la escritura sea más libre y honesta: asumir que nadie más lo va a leer. Quizá después te apetezca compartirlo (¡a mí me encanta hacerlo!), pero escribe asumiendo que no lo vas a hacer.

1. La vida que quieres
2. Tus obstáculos
3. Tus rutinas
4. Un nuevo comienzo

Dime, ¿qué piensas hacer con tu única, salvaje y preciosa vida?

MARY OLIVER

LA VIDA QUE QUIERES

Sobre mi rodilla puede leerse mi frase favorita tatuada: «Vivamos como pensamos». Puede que no signifique mucho para algunos, pero es clave en mi forma de ver el mundo. Siento que todos tenemos una idea mental de cómo queremos vivir nuestra vida. De cómo queremos enfrentarnos a retos, de las cosas que queremos priorizar, en definitiva, una noción de cómo queremos reaccionar y existir en el mundo que nos rodea. Sin embargo, no siempre vivimos así. Por naturaleza, dedicamos energía a cosas que no nos importan, evitamos vivir plenamente y priorizar lo fundamental para nosotros. «Vivamos como pensamos» es un recordatorio para volver a hacerlo.

Con esto no quiero decir que aspiremos a la vida perfecta, la vida nunca lo es, y nosotros tampoco. Tampoco me refiero a estar exentos de responsabilidades o limitaciones externas, pues nuestra vida no solo depende de nosotros mismos. Lo que insinúo es que hagamos lo que podamos con lo que tenemos. ¡Conozcámonos! Conozcamos lo que nos suma y vivamos la vida que tenemos tal y como nos gustaría hacerlo.

CONOCERTE

A la hora de vivir como queremos, un primer paso importante es aprender a conocerse a uno mismo. Cuanto más experimento, más aprendo sobre las cosas que necesito y las que me hacen feliz. Aprendo a entender mis pensamientos y fluctuaciones emocionales, a dedicarles mi aceptación y presencia. Esto es en lo que está enfocada esta sección inicial. Así que, ¡vamos a ello!

IRENE

«Hace mucho que decidí priorizarme a mí y a mis tiempos, y me conozco muy bien. Sé lo que me sienta bien y cuándo me sienta bien; cuál es mi momento más productivo del día y cuáles son aquellos en los que no tengo que juzgarme por no estar al cien por cien; cuándo me estoy pasando con el consumo de tecnología, y la clave de todo: sé identificar muy bien cuándo invierto mi tiempo en algo que no me aporta en ningún ámbito de mi vida».

EMPEZAR EN TU LUGAR

¿En qué lugar te encuentras? ¿A qué retos te enfrentas? No importa dónde estés, es un buen lugar para empezar. **Quizá no estés donde te gustaría estar o donde crees que deberías**. Pero te encuentras aquí y ahora. Y eso es suficiente. Antes de comenzar a movernos hacia donde queremos ir, tenemos que saber dónde estamos y a qué problemas nos enfrentamos, ya que podemos pasar una vida entera tratando de resolver los problemas incorrectos que vemos como obstáculos cuando no lo son.

Iniciemos este proyecto haciendo una evaluación de vida, diferenciando las grandes y pequeñas cosas que no nos suman de las bonitas que queremos añadir a nuestra vida y que nos harán felices. En realidad no necesitas cambiar nada aún. Solo estar presente con tus hábitos y situaciones personales. Ser consciente de lo que está bien y de lo que no te aporta y quieres cambiar. Todo proceso de crecimiento personal comienza con la consciencia. ¿Pasas más tiempo del que te gustaría con el móvil? ¿No te sientes apoyado en tus amistades? ¿Te cuesta disfrutar de tu tiempo a solas? Empieza aceptándolo y siendo consciente de ello sin juzgarte. Esto es así, y es normal, no pasa nada.

Evaluación de vida

Algo que le gusta medir a los psicólogos es el bienestar subjetivo. Este tiene tres componentes principales: la satisfacción, la experiencia de sentimientos agradables y los niveles bajos de sentimientos desagradables (1). Por eso, podemos medir nuestra satisfacción personal haciendo una evaluación de vida por categorías: trabajo, relaciones, ocio y salud. Esto nos ayuda a identificar nuestras áreas de mejora y las cosas en las que queremos trabajar. Si estas categorías no te parecen relevantes, puedes usar las que prefieras o consideres más importantes para ti.

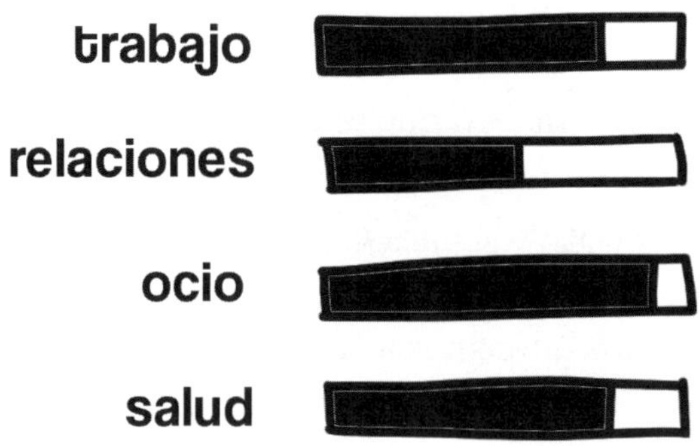

Trabajo

Dedicamos una gran parte de nuestra vida a aquello que consideramos trabajo. Casi todos tenemos más de una responsabilidad o «trabajo», y no necesariamente nos pagan por ello. Puedes considerar el trabajo principal, los segundos trabajos, los estudios, la empresa que estás intentando montar, los proyectos personales, las responsabilidades, el voluntariado, el trabajo del hogar, la gestión del dinero...

MI EJEMPLO:

Un 8/10. Últimamente siento mucha satisfacción por todos los proyectos en los que he tenido la oportunidad de trabajar. Con la escritura de este libro he podido investigar muchísimos temas que me interesan, y estoy empezando mi máster en Neurociencia, como quería. Este año también ha sido mi primer año de independencia económica y me siento muy orgullosa por ello, aunque también siento un poco de inestabilidad por ser autónoma.

TU TURNO:

¿Cuánta satisfacción sientes en tu trabajo principal y en otras responsabilidades o proyectos?

____

____

____

____

____

Considera tus aspiraciones más allá de lo que haces. ¿Hay áreas de crecimiento personal o profesional que te gustaría explorar?

____

____

____

____

____

Relaciones

Es genial construir relaciones saludables y estar rodeado de una comunidad que nos apoye. La calidad de tus relaciones tiene el poder de influir en tu estado de ánimo diario aportándote seguridad y conexión. Puedes considerar los distintos tipos de relaciones en tu vida (familiares, románticas, platónicas), su nivel de intimidad versus la que deseas, cómo te relacionas con esas personas, si experimentas relaciones o comportamientos tóxicos.

MI EJEMPLO:

Un 6/10. He estado esforzándome en llamar y visitar a mi familia y amistades regularmente, aunque me gustaría desarrollar amistades más íntimas y estables. Me siento feliz viendo cómo gestiono mis emociones en situaciones románticas, pero creo que podría mejorar mi comunicación.

TU TURNO:

Evalúa la calidad de tus distintos tipos de relaciones (amistades, familiares, románticas). ¿Cómo de satisfecho estás con el nivel de conexión que experimentas?

Reflexiona sobre cómo te relacionas con los demás. ¿Hay patrones o comportamientos que te gustaría mejorar? ¿Experimentas relaciones o comportamientos tóxicos?

____

____

____

____

____

Ocio

El ocio es el disfrute de la vida. Las actividades que haces porque te aportan en sí mismas y no por dinero ni para conseguir algo más. Puedes considerar tus hobbies y pasatiempos, viajes, cómo vives los pequeños momentos de tu día, experiencias que te gustaría tener, tu sensación de disfrute de la vida.

MI EJEMPLO:

Un 9/10. Me esfuerzo por crear experiencias que me hacen disfrutar más del día a día. Viajar lento, trabajar en cafeterías y pasar tiempo en la naturaleza o con amigos. Al ser una persona joven con menos responsabilidades, siento que es más fácil enfocarme en disfrutar de la vida.

TU TURNO:

Reflexiona sobre las actividades que te aportan alegría. ¿Con qué frecuencia participas en ellas? ¿Cómo puedes incorporarlas más a tu vida?

Evalúa cómo disfrutas y valoras los pequeños momentos de tu vida diaria. ¿Hay formas en las que puedes mejorar tu sentido de disfrute y apreciación?

Salud

Nuestro nivel de salud definitivamente afecta cómo nos sentimos y las cosas que podemos hacer. Esto incluye tanto la salud física como la mental. Puedes considerar el movimiento, la alimentación, el sueño, la gestión de enfermedades, la fuerza, la capacidad aeróbica, la energía, el estrés y tu salud mental.

MI EJEMPLO:

Un 8/10. El último año he estado cuidando mucho de mi salud y yendo al gimnasio regularmente. Es un periodo en el que me siento en forma. Disfruto de más estabilidad mental y me siento preparada para afrontar los conflictos.

TU TURNO:

Evalúa tu salud física: ejercicio, alimentación, sueño y manejo de enfermedades. ¿Cuánta satisfacción sientes con tus prácticas de salud actuales?

____

____

____

____

____

Reflexiona sobre tu bienestar mental y manejo del estrés. ¿Cómo te enfrentas a los desafíos y conflictos diarios?

____

____

____

____

A partir de tus respuestas, clasifica estas áreas en una escala del uno al diez para representar tu nivel de satisfacción.

POR QUÉ CONOCERTE

Te confieso que hay una estadística que me parece un poco deprimente: la curva en forma de «U» de la satisfacción personal a lo largo de la vida. Esta muestra que, en general, distintas poblaciones experimentan una reducción en su satisfacción personal desde su entrada en la adultez hasta los cincuenta años aproximadamente, cuando esa satisfacción personal vuelve a subir. Esta idea fue sugerida por el economista Andrew Oswald, que analizó encuestas de felicidad y satisfacción de distintos países (2). Quizá sean buenas noticias si tienes cincuenta años, pero plantean un futuro un poco pesimista para los jóvenes. Esta relación sigue siendo un tema de debate, y aun así son estadísticas generales que no tienen por qué aplicarse a personas específicas.

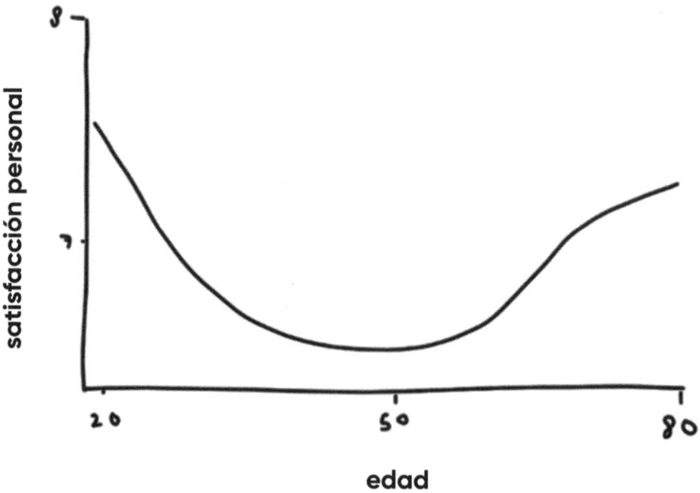

Conocernos y manejar nuestras emociones de forma adaptativa es una gran manera de guiarnos hacia una vida que nos satisfaga (3). Durante los últimos años, los primeros de adultez, siento que he mejorado mucho mi estado y estabilidad emocionales. Cada vez soy más capaz de identificar aquellas cosas que me hacen sentir bien y las que me afectan negativamente. Y siento que esto es esencial para poder mejorar mi vida poco a poco. Conocer aquello que influye en mi estado de ánimo para poder regularlo.

Por ejemplo, hubo una época en que vivía en Londres con una casera que me quitaba mucha energía, en un espacio muy pequeño. Al trabajar desde casa, el lugar en el que vivo tiene que sentirse como un espacio seguro, ideal para conectar y expresarme. Me estaba haciendo infeliz. Al darme cuenta, los siguientes años he priorizado vivir en un espacio que sienta como mi hogar, con gente parecida a mí. Es algo que me aporta mucho actualmente. Tengo claro que las próximas etapas de mi vida van a traer distintos problemas y sentimientos, pero cuando lleguen, intentaré vivirlos con la misma presencia y observación.

No siempre vas a poder cambiar todas las cosas que en tu vida te causan infelicidad, ¡ese no es el objetivo! También podemos cambiar la forma en la que las afrontamos. Ser conscientes de lo que influye en nuestro estado de ánimo te ayudará a poder hacerlo. Si tienes claro que tus paseos matutinos y tus momentos de intimidad con amigos son aquello que te hace disfrutar del día a día, esta consciencia puede impulsarte a priorizar esas actividades.

TU TURNO:

¿Qué cosas disfrutas y te suman?
¿Pasas suficiente tiempo haciéndolas?

¿Cuáles te quitan energía?
¿Cómo puedes reducir su impacto en el futuro?
¿Puedes cambiar la forma en la que te enfrentas a ellas?

ALOMA:

«Soy introvertida, así que una de las cosas que más energía me quitan en mi día a día es socializar, especialmente cuando lo hago con gente que no conozco demasiado. No lo considero algo negativo, pero sí que me ha venido bien aprender esto de mí misma para saber que también debo darme mi tiempo a solas para poder recargarme».

BERTA:

«Lo que más energía me ha quitado a lo largo de mi vida es dar explicaciones, algo que he hecho desde pequeña. Cuantas más he dado, más me han demandado, y yo seguía dando. Hace un tiempo que decidí que era suficiente. Dejé de explicar por qué hacía cada cosa que hacía. Cuando hablo de dar explicaciones por todo, me refiero a cosas que realmente no son importantes. Decisiones propias que no deben ser juzgadas ni valoradas».

ENCONTRAR UNA NUEVA FORMA DE VER EL MUNDO

Imagínate que acaban de despedir a dos personas del mismo trabajo. La primera dice: «¡Qué cosas! Voy a tener que prestar más atención a lo que se espera de mí en mi próximo puesto». La segunda piensa: «¡Soy inútil y se me da todo mal! Nunca voy a encontrar trabajo». Ambas acaban de pasar por la misma experiencia, pero tienen formas completamente distintas de vivirla.

Aunque estos ejemplos están exagerados, todo el mundo tiene una forma diferente de ver el mundo, ¿alguna vez te has parado a pensar en la tuya y en cómo te afecta?

La forma en la que percibimos y pensamos sobre el mundo influye en nuestro bienestar. Aunque no podamos controlar las cosas que sentimos, tenemos la capacidad de desarrollar formas de pensar más adaptativas. Por ejemplo, las personas que se consideran más felices no solo tienen más experiencias positivas en su vida, sino que también son más propensas a interpretar y recordar experiencias neutrales del día a día como algo positivo (4). Esta tendencia a interpretar las cosas que vivimos de forma consistente es conocida como estilo atribucional. ¿Qué significa esto? La atribución se refiere a la forma en la que nos explicamos las cosas que nos ocurren, igual que en el ejemplo anterior. Esta puede variar en distintas dimensiones (5):

1. **Permanencia: causa permanente versus temporal**
   Interpretar que lo que está causando nuestra experiencia se va a mantener en el tiempo o solo es temporal. Si suspendes un examen, puedes pensar que siempre se te da mal y eres incompetente (causa permanente), o que a veces te va mal, pero que en otras ocasiones también te sale bien (causa temporal).

2. **Personalización: causa interna versus externa**
   Interpretar la causa de nuestras experiencias como algo dentro de nuestro control o externo a nosotros. Si no consigues el puesto de trabajo que quieres, puedes pensar que no te lo dieron porque no eres suficientemente bueno (causa interna) o porque era un puesto muy competitivo (causa externa).

3. **Generalización: causa global versus específica**
   Interpretar que lo que está causando nuestra experiencia va a afectar el resto de las áreas de nuestra vida o solo afecta esa experiencia en concreto. Si estas pasando por una ruptura, puedes pensar que nunca podrás tener una relación duradera (causa global) o que esa relación no funcionó, pero eso no significa que tus futuras relaciones vayan a ser iguales (causa específica).

Uno de los factores relacionados con el inicio y mantenimiento de la depresión es el estilo atribucional negativo o pesimista (6). Cuando les pasa algo malo, las personas con un estilo atribucional pesimista perciben su causa como algo estable que no pueden cambiar. Cuando les ocurre algo bueno, lo ven como algo temporal y lo atribuyen a la suerte. Al contrario, las personas más optimistas interpretan sus experiencias positivas como estables y dentro de su control, y las negativas como situaciones temporales concretas. Podemos visualizar estas distintas formas de pensar más fácilmente a través de esta tabla:

	BUENA EXPERIENCIA	**MALA EXPERIENCIA**
PERSONA OPTIMISTA	Causa permanente, interna, y global Ej.: He sacado buena nota en mi examen porque se me da bien y he estudiado mucho.	Causa temporal, externa, y específica Ej.: He sacado mala nota en mi examen porque mis vecinos no se callaban y no me han dejado dormir.
PERSONA PESIMISTA	Causa temporal, externa, y específica Ej.: He sacado buena nota en mi examen por pura suerte, el profe estaría de buen humor.	Causa permanente, interna, y global Ej.: He sacado mala nota en mi examen porque se me da fatal todo.

TU TURNO:

Piensa en una experiencia positiva y otra negativa por la que hayas pasado recientemente. Algo que te haya hecho feliz o que hayas conseguido, y algún reto o algo en lo que sientas que has fallado. Imitando el ejemplo anterior, rellena esta tabla con tus dos experiencias y las distintas formas en las que las podrías interpretar, basándote en el estilo atribucional optimista y pesimista que hemos visto.

	MI EXPERIENCIA POSITIVA: ____________ ____________	**MI EXPERIENCIA NEGATIVA:** ____________ ____________
INTERPRETACIÓN OPTIMISTA		
INTERPRETACIÓN PESIMISTA		

Reflexiona sobre la experiencia positiva del ejercicio anterior: ¿tiendes a interpretar estos eventos positivos desde un estilo atribucional optimista o pesimista?

Para tus experiencias negativas, ¿las sueles interpretar desde un estilo atribucional optimista o pesimista?

____

____

____

____

____

____

SEGUIR TUS EMOCIONES A LO LARGO DEL DÍA

En psicología, el seguimiento emocional forma parte de una técnica conocida como evaluación ecológica momentánea, que consiste en tomar medidas a tiempo real sobre cualquier cosa que nos interese. Este método se ha usado en ámbitos clínicos para estudiar la regulación afectiva (7). Por ejemplo, para evaluar los desencadenantes de un ataque de pánico (8) o la adherencia a una medicación. De forma no clínica, podemos usar una idea parecida para aprender sobre nuestras emociones y aquello que las influencia, conectándonos con ellas en distintos momentos del día.

Creo que muchos tenemos la expectativa de que debemos sentirnos energéticos y motivados todo el día, de forma estable. Nada más lejos de la realidad. Es totalmente normal que nuestra energía fluctúe durante las jornadas, los meses o las estaciones de nuestra vida. En este gráfico represento nuestra expectativa versus la realidad de nuestras fluctuaciones energéticas:

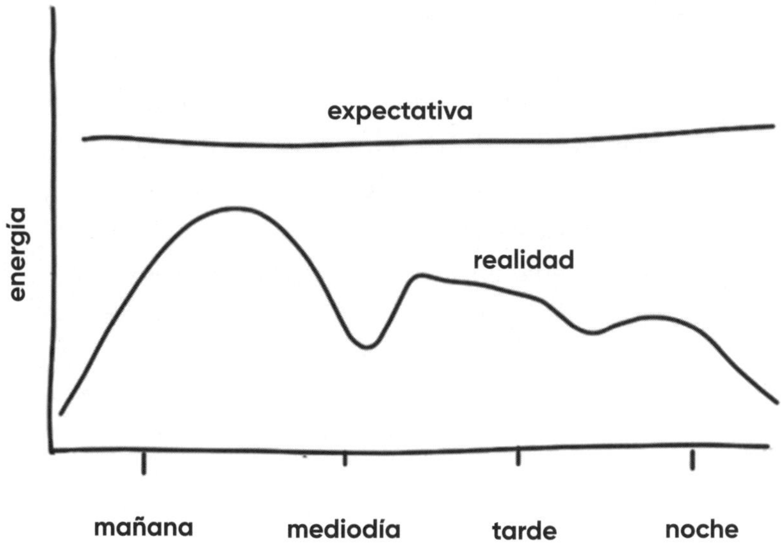

¿Qué puedes hacer al respecto? Cuidar tu energía. Entender sus patrones y las cosas que influyen en ella. En mi caso, me concentro mejor por la mañana y conforme pasa el día me voy cansando más y me siento más dispersa. Por eso ahora gestiono mis actividades en términos de mi energía, no de mi tiempo. Me pongo a hacer por la mañana aquellas cosas que requieren más esfuerzo mental, como la escritura de este libro. Conocerme y adaptarme a mis ritmos me ha quitado esta expectativa de tener que estar siempre motivada (y frustrarme cuando no lo estoy). De este modo, cuento con ello y lo incorporo en las cosas que hago.

TU TURNO:

Con este ejercicio, vas a representar la fluctuación de tu energía diaria y a anotar las actividades que te aportan o quitan energía. Puede que cada día sea completamente distinto o que haya patrones que se repitan y puedas gestionar.

1. Pasa unos días siendo más consciente de tu energía durante el día y apuntando las actividades que la influencian, como en este ejemplo. Más adelante dejo un gráfico en blanco donde puedes representar tus fluctuaciones energéticas durante cinco días.

2. Después de completar el gráfico, busca patrones en tus niveles de energía. Observa en qué momentos del día tienes bajones y reflexiona sobre las posibles causas: actividades específicas, situaciones o desencadenantes emocionales. Por ejemplo, puede que lo que más te afecte sean los conflictos interpersonales, sentirte rechazado o cosas como el consumo excesivo de tecnología o la falta de movimiento.

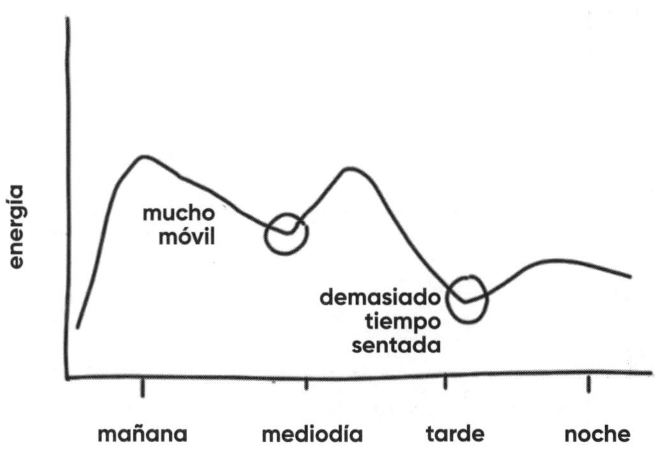

3. Reflexiona sobre las formas en las que puedes gestionar estos bajones. ¿Es posible evitar las actividades que los causan para reducir su intensidad o duración? Además, piensa en las actividades que te ayudan a recuperar y mantener tu energía. ¿Hay prácticas o hábitos específicos que te ayuden a cuidar de tu energía y mantenerla más estable? ¿Cuáles?

____

____

____

____

Mis fluctuaciones energéticas de la semana:

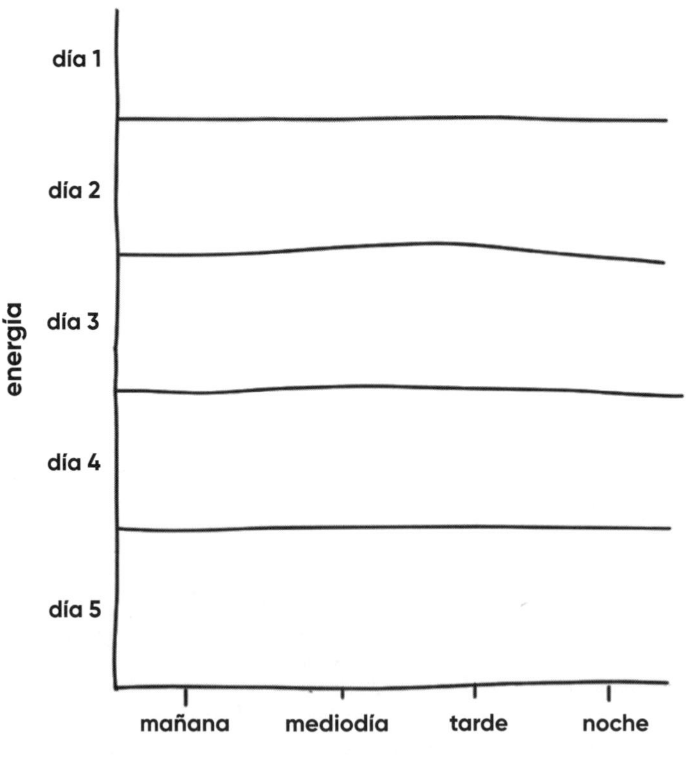

Pequeños consejos para estabilizar tu energía durante el día

Estas son algunas ideas de hábitos basados en la ciencia que ayudan a tener niveles de energía más estables. En el tercer capítulo hablaremos sobre cómo construir hábitos de forma efectiva, así que puedes centrarte en uno de estos si crees que te va a venir bien.

1. **Ver luz solar durante el día y especialmente al despertarte.**
   Esto ayuda a que tu cuerpo sepa que es de día y regule tu ritmo circadiano. Diversos estudios sugieren que seguir este hábito hace que sea más fácil estar cansado por la noche, conseguir dormirte rápido y mejorar la calidad del sueño (9).

2. **Aplazar tu primera ingesta de cafeína.**
   ¿Por qué? Uno de nuestros estimulantes naturales es el cortisol, que sigue un patrón diario específico para regular nuestra energía. En una persona saludable, su nivel más alto ocurre treinta o cuarenta y cinco minutos después de despertarse, y luego va bajando durante el día (10). Al consumir cafeína de forma regular, generamos tolerancia y reducimos la respuesta de cortisol matutina que nos despierta naturalmente (11). Es decir, nuestra primera ingesta sustituye al efecto energizante del cortisol, de forma que nos cuesta más despertarnos y empezamos a depender de la cafeína para poder hacerlo. Aunque sea un poco difícil al principio, esperar al menos una hora después de despertarte para tomarte tu primer café puede ayudarte a regular tu energía. Personalmente, me ha permitido reducir ese bajón de energía unas horas después.

3. **No tomar cafeína por la tarde.**
Se suele recomendar evitarla unas ocho o diez horas antes de dormir, pero definitivamente seis horas mínimo (12). Entonces, si te vas a dormir a las once, puedes evitarla desde la una a las tres, por ejemplo.

4. **Moverte regularmente.**
El ejercicio está relacionado con niveles más bajos de fatiga y más altos de energía (13), quizá porque mejora la circulación de nutrientes y oxígeno, regula nuestra insulina y aumenta la liberación de endorfinas.

5. **Priorizar conseguir de siete a nueve horas de sueño diarias.**
Cada cual necesita un número específico de horas de sueño, pero esto es lo que se recomienda en general. Como seguro que ya sabrás, la falta de sueño nos fatiga tanto física como cognitivamente. Una encuesta sugiere que el 74 por ciento de los españoles duermen menos de siete horas (14).

6. **Tener un horario de sueño consistente.**
Trasnochar el fin de semana para luego pegarse un madrugón entre semana hace que tu ritmo circadiano se vuelva loco y sea mucho más difícil conseguir dormirte cuando quieres y descansar lo suficiente.

7. **Manejar tu estrés.**
Las cosas que pueden estar causando estrés crónico son específicas en cada persona: el trabajo, las relaciones interpersonales o un poco de todo. Aparte de manejar la causa del estrés (si es con un profesional, mejor), puedes probar ejercicios de mindfulness o respiración.

TUS NECESIDADES

El famoso psicólogo Maslow ya recalcó la importancia de pensar en nuestras necesidades en su obra de 1943 (15). En su jerarquía de necesidades, resalta que el comportamiento humano está motivado por el deseo de cumplir nuestras necesidades. Una vez que tenemos las fisiológicas cubiertas, podemos avanzar hacia necesidades más complejas, desde la seguridad hasta la afiliación, el reconocimiento y finalmente la autorrealización. Esta necesidad de autorrealización está representada en lo alto de la jerarquía y consiste en descubrir quién eres y mejorarte a ti mismo, expandiendo tus conocimientos y habilidades. Según Maslow, para poder centrarte en ello hace falta tener el resto de las necesidades cubiertas.

Aunque es popular, la clasificación de necesidades de Maslow no ha conseguido mucho apoyo científico. En varias revisiones se concluye que no hay mucha evidencia de que las necesidades humanas se puedan agrupar de este modo y muestren una jerarquía. Muchas veces, nuestras necesidades son personales, varían entre culturas y situaciones (16). No hay necesidades intrínsecamente superiores a otras, todo depende de lo que valoremos. Esto son buenas noticias, ya que ahora nos podemos parar a pensar en cuáles son nuestras necesidades personales.

Otras teorías más recientes sugieren tres categorías distintas de necesidades universales: la autonomía (sentirte dueño de tus acciones), la competencia (producir los resultados que deseas en tu vida) y las relaciones (sentirte conectado con la gente) (17). ¿Crees que cumples estas necesidades?

TU TURNO:

Aparte de necesidades básicas como la comida y el agua, ¿qué cosas precisas para tu bienestar? ¿Qué acciones llevas a cabo para cumplir tus necesidades? ¿Qué acciones de los demás cumplen tus necesidades? Rellena estos círculos centrándote en tus necesidades físicas (ej.: dormir bien), emocionales (ej.: comunicación honesta en mis relaciones) y mentales (ej.: pasar tiempo a solas cada día). Tampoco hace falta pensar en necesidades de forma estricta (no vas a morirte si no dedicas tiempo a desconectar cada día, pero puede seguir siendo una de tus necesidades).

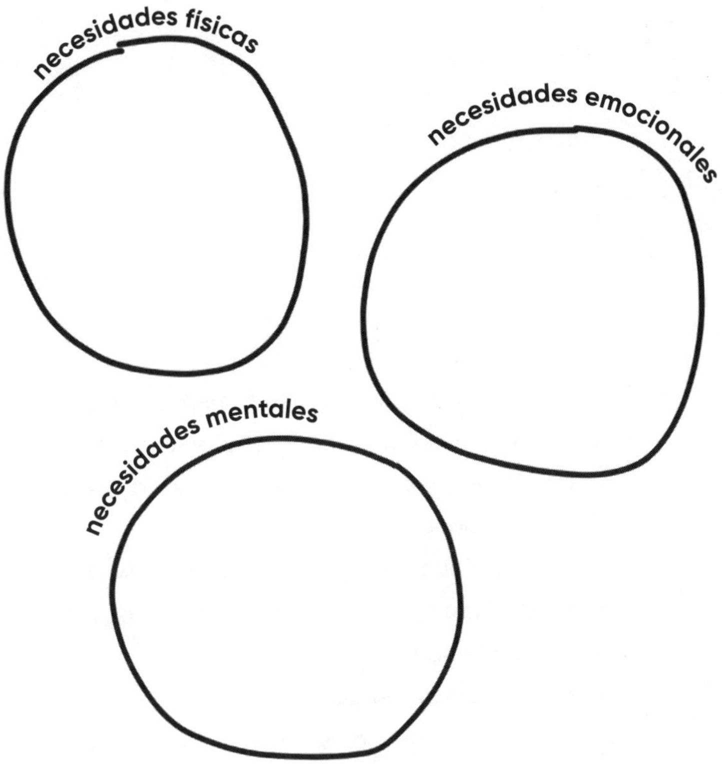

TU TURNO:

Pon un temporizador de diez minutos y escribe con libertad sobre distintos momentos de tu vida en los que te hayas sentido completamente satisfecho o momentos en que te faltaba algo. ¿Qué contribuía a ese sentimiento? ¿Qué necesidades estabas cubriendo?

En este apartado hemos creado consciencia sobre el lugar en el que nos encontramos, quiénes somos y las cosas que nos importan. Ahora que nos conocemos un poco mejor, podemos empezar a pensar qué queremos alcanzar y buscar formas sostenibles de llegar hasta ahí.

RESUMEN

- **Para saber a dónde quieres llegar, tienes que empezar conociendo el lugar en el que estás. Para ello, puedes evaluar tu satisfacción de vida en el trabajo, relaciones, ocio y salud.**
- **Los estilos atribucionales influyen en nuestra forma de ver el mundo y en cómo interpretamos las cosas que nos ocurren.**
- **Puedes usar el seguimiento emocional para conocer tus ritmos naturales de energía o motivación y aquello que los influencia, teniéndolos en cuenta al planear tu día.**
- **Sé consciente de tus necesidades personales para poder priorizarlas.**

MARCAR OBJETIVOS EFECTIVOS

Ya que es fácil perder la dirección (o no conseguir encontrarla), los objetivos son una buena forma de guiarnos. Un objetivo es una representación interna de un resultado que deseamos: correr un maratón, tener estabilidad emocional..., etcétera. Marcarnos y cumplir nuestros objetivos no es tarea fácil. Como seres humanos, solemos tener deseos contradictorios y una multitud de problemas, hábitos y distracciones. A veces quiero vivir una vida lenta en el bosque y en otros momentos deseo un trabajo social en la ciudad. Quiero ser una persona saludable e ir al gimnasio por la tarde, pero también cuidar mis relaciones y salir a tomar algo con mis amigos.

Las cosas que valoramos y queremos conseguir van a ir cambiando mientras pasa el tiempo, es natural. Podemos pararnos a evaluar nuestra vida en cada momento. Quizá estemos en uno en que nos sintamos muy satisfechos con nuestras relaciones y trabajo, pero queramos enfocarnos más en mejorar nuestra alimentación. **Lo importante es reflexionar sobre las cosas que queremos actualmente y trabajar para crearlas en esta etapa de nuestra vida**.

CELIA:

«Soy una persona muy soñadora y siempre he querido una vida "a lo grande". No en el sentido material de grandes lujos, sino de hacer "grandes cosas", "dejar huella". Sin embargo, desde hace un par de años creo que a lo máximo a lo que aspiro es a una vida tranquila. Crecer en el campo ha influido mucho en esto. Veo a mis padres con su casa con jardín, rodeados de naturaleza, con sus perros... Y me dan envidia. Supongo que la vida que quiero vivir se parece un poco a eso. Tener estabilidad económica y un trabajo que sea lo suficientemente flexible como para poder dedicar tiempo a la gente a la que quiero y a las cosas que me gustan. Mi realización personal creo que se orienta más al crecimiento personal y relacional».

TU TURNO:

¿Te has parado a pensar en cómo se vería la vida de tus sueños? Este es un buen momento para reflexionar sobre ello. En este ejercicio, rellena los círculos con pequeñas ideas de cosas que te gustaría conseguir durante los próximos meses o años. Intenta mantener la mente abierta y permítete apuntar cualquier idea que surja en tu mente, aunque parezca poco realista en estos momentos. Te dejo unos ejemplos:

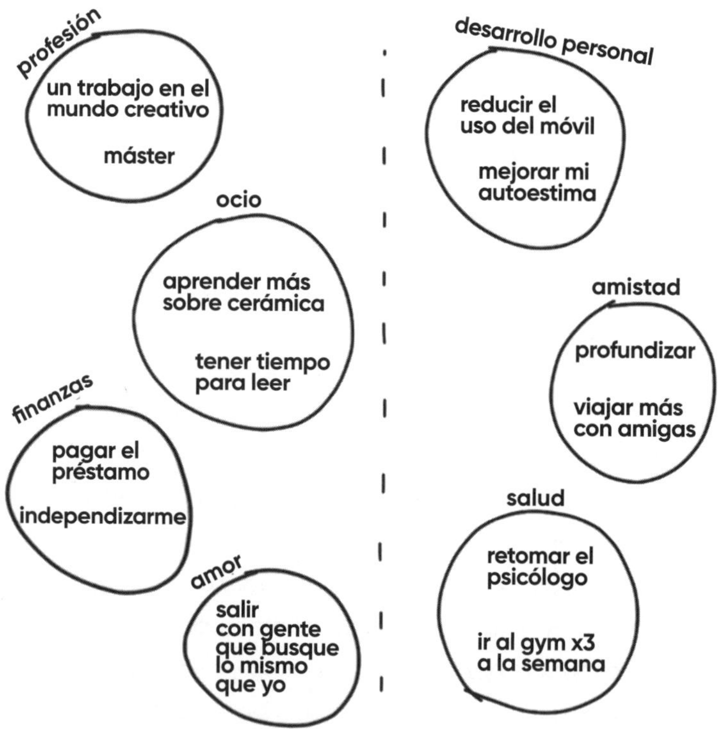

Para ayudarte a generar ideas, he separado el ejercicio en distintas categorías, espero que te ayude a pensar en cómo se vería la vida de tus sueños desde todos los ángulos. Si te abruman todas estas categorías, siéntete libre de enfocarte en las áreas que personalmente consideres más importantes. No tienes que trabajar en todo a la vez, vamos poco a poco. Luego, usaremos las ideas que apuntes en estos círculos para generar objetivos más concretos. Vamos a ello:

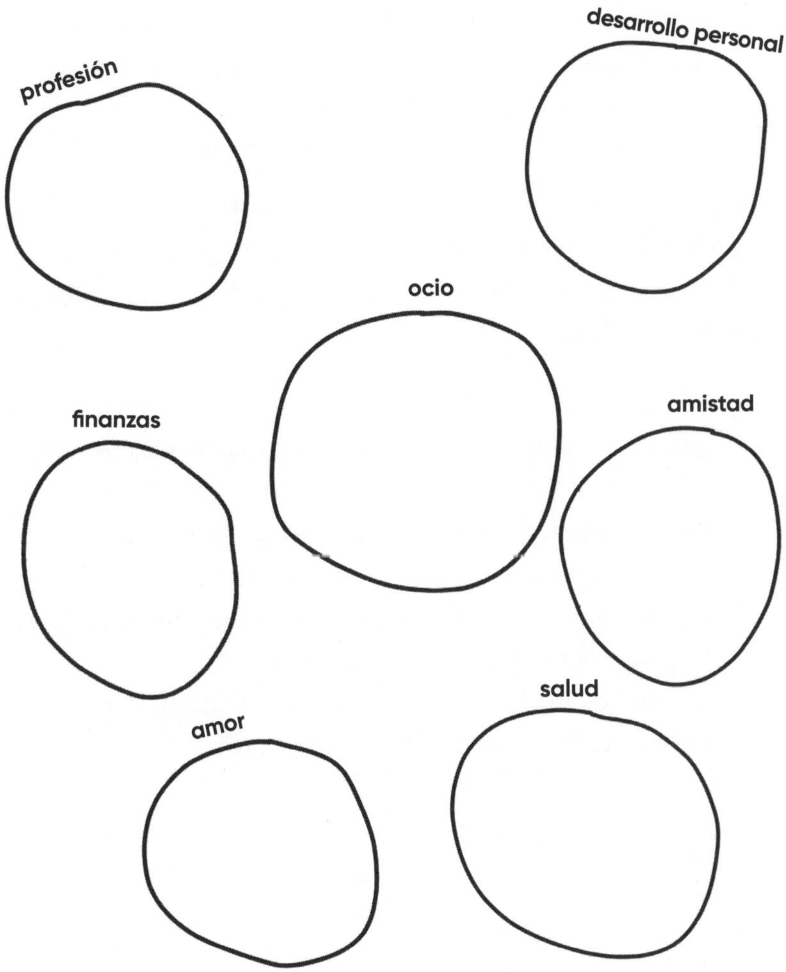

MOHE:

«Desde hace mucho tiempo soñaba con un grupo de amigas en el que me sintiera segura, un trabajo en el mundo creativo, un entorno con personas que me sumaran energía y estabilidad económica para vivir independizada y tranquila. Hoy día he conseguido con creces la vida que siempre quise a excepción del dinero, que todavía no me permite independizarme (es lo que tiene vivir en Madrid), pero estoy muy satisfecha con el punto en el que me encuentro. También es cierto que el practicar la gratitud me hizo "romantizar" más mi vida y saber apreciar las pequeñas cosas que me rodeaban».

En las próximas páginas, veremos cómo podemos marcar objetivos efectivos. Antes de esto, está bien pensar en nuestras metas principales para ver si las podemos mejorar.

¿Cuáles son tus objetivos? Haz una pequeña lista de las cosas en las que te estás centrando en estos momentos, basada en el ejercicio anterior. ¿Tienes algún objetivo principal o más importante? Rodéalo, porque nos vamos a enfocar en él. En vez de intentar resolver todos nuestros problemas de una, simplemente nos podemos centrar en añadir pequeñas cosas buenas a nuestra vida, una a una.

–

–

–

–

–

Los objetivos nos ayudan a mantenernos motivados. Muchos de los conceptos de desarrollo personal que conocemos derivan de la investigación en el campo de la psicología laboral. A las empresas les interesaba saber por qué algunos empleados mostraban un desempeño laboral superior, más allá de los efectos de tener mejores conocimientos o capacidades físicas. Como podemos imaginar, una influencia clave en su desempeño era la motivación. Se dieron cuenta de que marcar objetivos hacía que los empleados estuvieran más motivados y trabajaran mejor.

¿Cómo ampliar la efectividad de nuestros objetivos? Podemos considerar tanto el contenido de los objetivos como la manera de gestionarlos.

CUANTO MÁS ALTO ES UN OBJETIVO, MÁS CONSEGUIREMOS

Esto es lo que descubrieron Locke y Latham (1990) en su investigación de objetivos laborales, un resultado que me parece muy interesante. Siempre que se encuentre dentro de nuestras capacidades, un objetivo más alto predice un desempeño más alto. Sin embargo, si ese objetivo es demasiado difícil (está fuera de nuestras capacidades), el desempeño empieza a bajar. Este límite es distinto para cada uno de nosotros, claro. Así que ajusta la dificultad a tus capacidades.

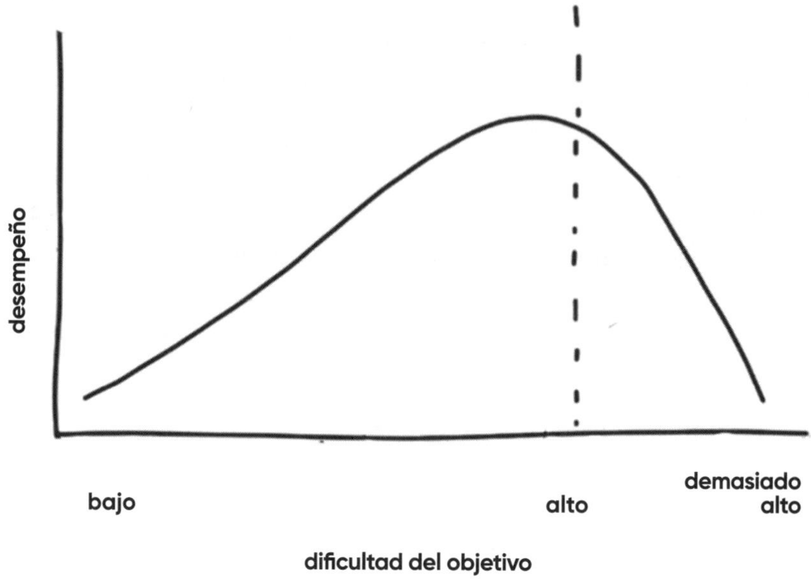

Adaptado de Locke & Latham, 1990

Existe este equilibrio entre los objetivos ambiciosos pero realistas y aquellos poco realistas. Hay gente que prefiere tener objetivos más difíciles de alcanzar porque saben que eso los motivará a llegar mucho más lejos. ¡A cada uno lo que le funcione! Personalmente, encuentro más motivador tener un objetivo que sé que puedo lograr, aunque parezca complicado. Piensa en el esfuerzo que supone ese objetivo comparado con el tiempo y los recursos de los que dispones. También hay que tener en cuenta que no conseguir nunca nuestros objetivos reduce nuestra confianza y motivación. Así que... **marca objetivos realistas, pero no subestimes tus capacidades**.

De la misma forma, evita estar trabajando en cientos de objetivos a la vez. Cognitivamente, es difícil tener tantas cosas en mente, sobre todo si requieren consciencia y fuerza de voluntad. Es difícil empezar a hacer ejercicio todos los días al tiempo que empiezas a comer sano y a ahorrar y a leer y a dejar de fumar. Es mucho más fácil trabajar en un par de objetivos que se complementen bien a la vez.

TU TURNO:

Piensa en alguno (o varios) de los objetivos principales que rodeaste en la actividad anterior.

¿Qué recursos necesitas para cumplir este objetivo? Además, considera su dificultad, importancia y urgencia. Por ejemplo, puede que tu objetivo sea ir al gimnasio regularmente para mejorar tu bienestar. Este podría ser un objetivo muy importante para ti, pero no urgente. También puede que necesites los siguientes recursos: acceso a un gimnasio, tiempo para ir tres veces a la semana e información sobre técnicas de ejercicio.

¿Con qué recursos cuentas? Ahora que has pensado en los recursos que necesitas para conseguir tu objetivo, considera el momento de tu vida en el que te encuentras y la cantidad de tiempo o recursos que le puedes dedicar. Si te falta algún recurso (ej.: información sobre técnicas de ejercicio), piensa en cómo lo puedes conseguir (ej.: buscando un entrenador personal, viendo vídeos en internet, etcétera).

LOS OBJETIVOS ESPECÍFICOS Y MEDIBLES SON MÁS MOTIVADORES

La claridad de los objetivos específicos nos ayuda a focalizar nuestra energía y saber lo que tenemos que hacer. No es lo mismo marcarse el objetivo de «salir más a caminar» que «caminar durante veinte minutos cada mañana al despertarse». Así que define qué es lo que quieres conseguir y evita los objetivos demasiado generales. Todos queremos ser más felices, tener mejores relaciones y cuidar mejor de nuestro cuerpo, pero ¿cómo se representa este objetivo en tu vida? ¿Qué acciones específicas pueden ayudarte a ser más feliz o a cuidar de tus relaciones y de ti mismo?

Otra característica de los objetivos efectivos es la capacidad para ser medidos. Esto es importante tanto si conseguimos nuestro objetivo como si fallamos. Cumplir objetivos nos motiva, entonces podemos maximizar esta sensación de logro al tener claro que lo hemos conseguido. Si fallamos un objetivo medible, también es más fácil identificar específicamente lo que ha fallado para mejorar en el futuro. ¿Cómo vas a saber si estás consiguiendo tu objetivo?

Un estudio (18) también sugiere que las personas son más propensas a trabajar hacia un objetivo medible cuando este se trata de un rango (ej.: leer de uno a tres libros mensuales), en comparación con una cifra concreta (ej.: leer dos libros mensuales). De esta forma, cuentan con esa claridad, pero se mantienen flexibles en sus expectativas. ¡Me parece una idea genial!

ANTES	DESPUÉS
Moverme más en mi día a día.	Ir a dos clases de yoga semanales.
	Andar al trabajo.
Cuidar mis relaciones familiares.	Visitar a mi familia cada semana.
	Llamar a mis abuelas semanalmente.
Reducir el estrés en mi día a día.	No trabajar más allá de las seis o siete de la tarde.
	Meditar cinco o diez minutos al empezar el día.

Quizá algunos de tus objetivos no puedan especificarse o medirse de forma exacta. Uno de mis objetivos es priorizar mi relación conmigo misma, pero más que una meta, lo considero una intención, algo que tener presente en mi día a día. Cumplirlo se basa más en una sensación, un sentimiento; no creo que llegue un día en el que diga: «Vale, objetivo conseguido». Sin embargo, hay muchos momentos en los que me veo actuando acorde con ese objetivo: cuando comunico mis límites, cuando me doy tiempo para escuchar mis emociones o cuando hago alguna actividad a solas que me hace ilusión. Puedes tener este tipo de intenciones presentes y dejarlas ir cuando ya no las consideres relevantes en tu vida. Es normal que una parte de tus objetivos sean así, que no puedas medirlos de forma exacta. Aunque los representes de forma no medible, reflexiona sobre cómo se manifiestan en tu día a día.

TU TURNO:

¿CUÁLES SON TUS INTENCIONES?	¿CÓMO SE REPRESENTAN EN TU DÍA A DÍA?

TUS OBJETIVOS GENERALES:	TUS OBJETIVOS ESPECÍFICOS:

LOS OBJETIVOS DE APRENDIZAJE NOS AYUDAN A CREAR NUEVAS HABILIDADES

En la literatura de la ciencia del comportamiento se diferencian los objetivos de desempeño de los de aprendizaje. En vez de centrarse en un resultado final, los objetivos de aprendizaje consisten en el descubrimiento de nuevas habilidades o estrategias que acaban llegando a ese resultado. Estos son especialmente efectivos cuando queremos alcanzar un objetivo, pero nos faltan las habilidades necesarias para llegar hasta él (19). Una vez que contemos con estas habilidades, los objetivos de desempeño serán más efectivos a la hora de ponerlas en práctica y esforzarnos en ellas.

Por ejemplo, supongamos que tienes el objetivo de perder un poco de peso (un objetivo de desempeño), y quieres conseguirlo comiendo más sano y yendo al gimnasio. Si no tienes ni idea sobre cómo comer sano y qué hacer en el gimnasio, marcarte el objetivo de perder peso no va a ser muy útil para ti. En cambio, otras metas más útiles pueden ser desarrollar una rutina de ejercicio en el gimnasio o acudir a un nutricionista.

Yo hice algo parecido cuando empecé a construir el hábito de ir al gimnasio regularmente. A la larga, está claro que tengo un objetivo de desempeño: tener más fuerza, conseguir hacer una dominada, cuidar de mi cuerpo.... Pero de camino a esos objetivos, he estado centrada en otros de aprendizaje: empezar a sentirme cómoda en el gimnasio y desarrollar una rutina de ejercicio que me guste. ¡Me encanta la idea de priorizar el aprendizaje!

TU TURNO:

1. Piensa en un objetivo de desempeño que te gustaría alcanzar.
2. Identifica las habilidades que necesitas para llegar al resultado que quieres.
3. Establece uno o varios objetivos de aprendizaje para cada una de las habilidades que deseas desarrollar.

____

____

____

____

EL COMPROMISO CON EL OBJETIVO MODERA EL DESEMPEÑO

El compromiso con un objetivo depende de nuestro nivel de apego y de cómo de importante lo consideremos. Cuando un objetivo es fácil y no requiere mucho trabajo, comprometerse con él no es tan importante. Sin embargo, estar dispuesto a hacer cosas difíciles conlleva un nivel más alto de compromiso. Como se ve en esta gráfica, **cuando hay un nivel alto de compromiso, el nivel de desempeño real suele corresponder al objetivo**. Sin embargo, cuando es bajo, no actuamos de acuerdo con nuestros objetivos.

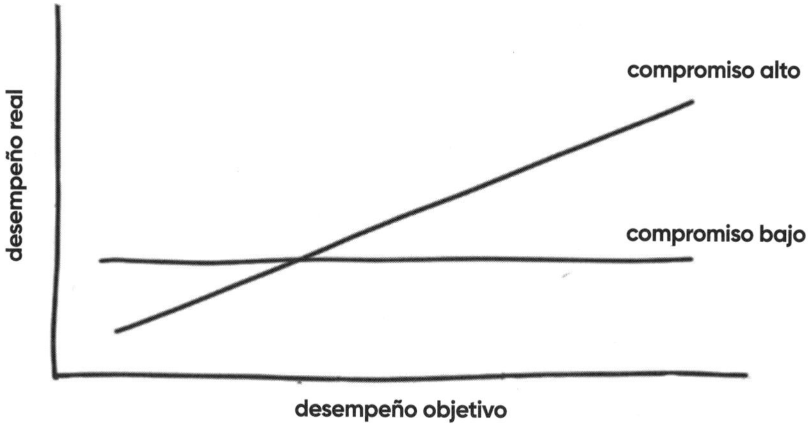

Adaptado de Locke & Latham, 1990

Por eso, **es importante que nuestros objetivos reflejen nuestros valores e intereses**. A veces, muestran aquello que la sociedad, la familia o los amigos esperan de nosotros. Es posible que nos sintamos presionados por cumplir con esto, pero la falta de alineación con nuestra autenticidad puede llevarnos al final a una sensación de vacío. Sin embargo, si tus objetivos son acordes a lo que TÚ realmente quieres y a tus valores, estarás más comprometido y motivado de forma intrínseca. Esto hace que vivir alineado con tus objetivos sea mucho más fácil.

TU TURNO:

¿Hay algún objetivo o expectativa externa que te sientas obligado a seguir? ¿De qué forma estas expectativas están alineadas o desalineadas contigo?

____

____

____

____

____

¿Hay algún objetivo que se sienta genuinamente importante para ti? ¿De qué forma está alineado contigo?

____

____

____

____

____

EQUILIBRAR OBJETIVOS DENTRO Y FUERA DE NUESTRO CONTROL

Si estás en este proceso de crear tu vida, va a haber muchos factores fuera de tu control. Puede que quieras hacer crecer tu comunidad en una red social, encontrar un puesto de trabajo específico o vender cien impresiones de tu arte. Está genial tener este tipo de objetivos externos y es muy necesario para saber qué necesitamos para crear la vida que queremos. ¿Queremos vivir del arte? ¿Tener un impacto positivo en nuestra comunidad? ¿Hacer nuestro doctorado investigando factores de riesgo para la narcolepsia?

La realidad es que tu vida no solo depende de ti. ¡No pasa nada! Conseguir estos objetivos no siempre estará dentro de nuestro control, pero podemos conectarlos con objetivos internos. Me encanta esta perspectiva porque, al final, solo podemos comprometernos a cumplir aquellas cosas dentro de nuestro control. Darle una oportunidad a nuestro sueño me parece lo más importante, esto es, encontrar formas de trabajar por él.

Piensa en las acciones que puedes generar tú mismo para acercarte a tu objetivo, te dejo algunos ejemplos:

<table>
<tr><th>OBJETIVO EXTERNO</th><th>OBJETIVO INTERNO</th></tr>
<tr><td rowspan="2">Encontrar trabajo de marketing en Londres.</td><td>Escribir y enviar solicitudes de calidad semanalmente.</td></tr>
<tr><td>Leer un libro sobre el tema e implementar sus consejos.</td></tr>
<tr><td rowspan="2">Conseguir cinco mil seguidores en YouTube.</td><td>Subir un vídeo a la semana.</td></tr>
<tr><td>Investigar prácticas para hacer que mi contenido aparezca en búsquedas.</td></tr>
<tr><td rowspan="2">Tener amigos más íntimos.</td><td>Dejar ir las relaciones tóxicas actuales.</td></tr>
<tr><td>Encontrar una comunidad o club de alguno de mis intereses.</td></tr>
</table>

¿De qué dependes para conseguir tu objetivo?

Considera si este objetivo depende solo de ti mismo o de otros factores externos u otras personas. Plantea una combinación de objetivos internos y externos para seguir motivado en tus acciones personales.

____

____

____

____

____

OBJETIVOS A CORTO Y LARGO PLAZO

A veces nos abruma un poco eso de pensar en lo que queremos hacer con nuestra vida. Dependiendo del punto de tu vida en el que te encuentres, hay de muchas a muchísimas posibilidades de cómo podría verse tu vida en diez años. Algo que me ha ayudado a encontrar más paz conmigo misma es centrarme en plazos más cortos de tiempo, en qué cosas me gustaría tener más presentes los próximos meses y conseguir en los años siguientes. Me quita mucha presión de tener que predecir mi vida entera y trabajar por algo que ni siquiera sé si querré dentro de diez años.

Está genial tener una visión de futuro y tener grandes sueños para dentro de diez años, pero sin que eso evite que nos pongamos a trabajar en las cosas que queremos ahora. Porque como veremos más en la sección de procrastinación, solemos tener una visión idealizada de nuestro yo del futuro y de lo bien que vamos a hacer las cosas. Pero la forma real de mejorar tu versión futura es trabajando en la del presente (con aceptación y paciencia, claro). Ese es otro de los motivos por los que personalmente prefiero centrarme en las cosas que quiero conseguir en los próximos años o meses. Al final, las recompensas a largo plazo no son necesarias cuando disfrutas de lo que haces día a día.

Muchos de los proyectos con más valor en los que trabajamos son aquellos que dan resultados a largo plazo. Por ejemplo: la escritura de un libro, intentar ahorrar para independizarte o formar una familia. Sin embargo, los objetivos más motivadores dan resultados inmediatos. ¿Cómo mantienen la motivación las personas con objetivos a largo plazo? Esta es una pregunta que les interesaba a Bateman y Barry (20), quienes entrevistaron a un grupo de personas con este tipo de objetivos. Descubrieron que, aunque progresaran de forma lenta y su éxito solo pudiera llegar en décadas, seguían trabajando en su objetivo a largo plazo a través de metas a corto plazo congruentes. También conseguían celebrar su progreso y encontrar la gratificación de trabajar en sus objetivos en el día a día. Así pues, la conclusión sería que está bien tener una visión de futuro, pero siempre acompañada del disfrute y del significado de objetivos a corto plazo que nos guían día a día.

TU TURNO:

Reflexiona sobre tus objetivos a largo y corto plazo. ¿Tienes una visión de vida? ¿Cómo se relaciona con las actividades que puedes hacer en tu día a día en el presente? Rellena estas cajas con ideas, puedes escribir y usar flechas para relacionarlas.

¿Qué quiero conseguir en...

... el próximo año?

... mi vida?

... los próximos cuatro años?

EL CONTRASTE MENTAL

El contraste mental es una técnica desarrollada por la psicóloga Gabriele Oettingen, utilizada para mejorar la adherencia a nuestros objetivos. Consiste en comparar el futuro que deseas con tu presente, identificando las diferencias entre tu vida ideal y la actual. Esto permite determinar los obstáculos de forma realista para conseguir sentirnos más preparados para abordarlos.

Imaginemos que quiero comprarme un piso. Según Oettingen, puedo abordar mi objetivo de tres formas distintas:

1. **Demasiado positiva:** puedo romantizar la experiencia, visualizarme tomándome el café en mi nuevo balcón y llenando el piso de plantas. Esto puede darme un poco de motivación inicial, pero, en cuanto me dé cuenta de los sacrificios que conlleva ahorrar, acabaré perdiendo motivación y abandonando mi objetivo porque solo estaba romantizando y centrándome en las cosas bonitas.

2. **Demasiado negativa:** puedo pensar únicamente en los aspectos negativos de comprarme un piso —lo que tengo que trabajar para conseguir el dinero, las cosas que no voy a poder permitirme, los planes que tendré que rechazar, etcétera—. Todo esto acabará reduciendo mi motivación para trabajar en este objetivo.

3. **Equilibrada:** si consigo ver tanto los aspectos positivos como los negativos de comprar un piso podré estar mejor preparada y comprometida con el proceso. El contraste mental consiste en encontrar el equilibrio entre estos dos extremos de fantasía y negatividad. Contrastar las cosas que queremos conseguir con el proceso de conseguirlas, siendo realistas sobre la motivación y los obstáculos.

Durante los últimos años, ha habido mucho énfasis en las técnicas de psicología positiva y visualización. La visualización positiva es útil, pero no suficiente para comprometernos con nuestros objetivos y crear la acción que los lleve a cabo. Podemos equilibrar la visualización positiva con la anticipación de obstáculos del contraste mental.

Esta práctica quizá también resulte efectiva a la hora de dejar ir los objetivos poco realistas que te mantienen atascado. Por ejemplo, puedes fantasear con convertir tu relación tóxica en una relación saludable. Pero, siendo realista, quizá te des cuenta de que no es algo que puedas controlar y que es mejor soltar esa relación. Por otra parte, fantasear un poco más nos puede ayudar a comprometernos con un objetivo difícil. Si estás de exámenes finales y te agobian, pensar en toda la satisfacción que te va a aportar graduarte puede ayudarte a dar un último empujoncito. En resumen, la técnica del contraste mental busca devolver el equilibrio entre la positividad y la negatividad que encontramos en nuestro día a día.

¿Cómo podemos llevar esta práctica a cabo? El proceso del contraste mental se puede resumir con la sigla DROP: deseo, resultado, obstáculos y plan.

1. **Deseo:** piensa en aquello que quieres conseguir.

2. **Resultado:** estudia las consecuencias o el resultado de conseguir aquello que deseas. Puedes reflexionar sobre cómo cumplir tu deseo cambiará tu vida, cómo te sentirás, el impacto en los demás…

3. **Obstáculos:** localiza los obstáculos y dificultades que puedes encontrarte al acercarte a tu deseo. Sobre todo, céntrate en los obstáculos internos y las cosas que están bajo tu control.

4. **Plan:** haz un plan para lidiar con los obstáculos que puedes encontrarte. Puede seguir esta estructura: «Si [obstáculo], entonces [plan]». Este es un pequeño apunte que me he hecho para cuando sienta el síndrome del impostor mientras escribo este libro:

   «Si no me siento a la altura de escribir un buen libro, miraré todas las reacciones positivas que he recibido por mi trabajo anteriormente».

Hablaremos más en profundidad sobre lidiar con obstáculos y hacer planes efectivos en la siguiente sección. Si lo prefieres, puedes volver a este ejercicio una vez que te hayas familiarizado con cómo relacionarte con los distintos tipos de obstáculos detallados en el segundo capítulo.

TU TURNO:

Sigue los pasos detallados por la sigla DROP para uno de tus objetivos principales.

DESEO:

RESULTADO:

OBSTÁCULOS:

PLAN:

LAS INTENCIONES DE IMPLEMENTACIÓN

Un motivo común por el que la gente no cumple sus objetivos es simplemente el olvido. Sabemos que queremos conseguir X o Y, pero al final acabamos siguiendo con nuestra vida y el resto de las cosas que tenemos que hacer o que hemos hecho siempre. No solo debemos recordar que queremos conseguir algo, sino también saber cuándo es un buen momento para actuar. Para ayudar con esto, podemos establecer un plan de acción, las llamadas intenciones de implementación.

Mientras que los objetivos especifican aquello que queremos conseguir, las intenciones de implementación establecen la acción que queremos llevar a cabo y el momento en el que lo queremos hacer. Por esto, siguen el formato: «cuando [situación], entonces [acción]». Las intenciones de implementación van más allá de nuestros ideales, son un plan de acción concreto y realista. Para formarlas, podemos *a)* identificar un comportamiento o respuesta que nos ayude a cumplir nuestro objetivo, y *b)* anticipar una ocasión apropiada para llevar a cabo esa respuesta. Podemos basarlas en varios tipos de situaciones:

- **Sentimiento:** cuando experimente ansiedad, me centraré en hacer respiraciones controladas.
- **Evento:** cuando reciba mi sueldo, pondré el 10 por ciento en mi cuenta de ahorro.
- **Ubicación:** cuando esté en el supermercado, evitaré la sección de comida procesada.
- **Momento:** cuando sea sábado, después de desayunar, iré a nadar a la piscina.

De esta forma, conocemos la manera en la que vamos a cumplir nuestro objetivo. La situación específica en la que vamos a actuar. ¡No hace falta esperar a que nos surja la inspiración o a que estemos motivados!

Un gran metaanálisis (21) con más de ocho mil participantes concluyó que las intenciones de implementación tenían un efecto de medio a grande en la realización de nuestros objetivos. Los autores argumentaban que estos planes hacen que la situación en la que debemos actuar sea más obvia para nosotros. De este modo, somos más conscientes de estas oportunidades y podemos autorregular nuestro comportamiento. Aprenderemos más sobre cómo crear estos planes de acción a la hora de construir hábitos en el tercer capítulo.

TU TURNO:

Escribe una o varias intenciones de implementación para tus objetivos. Puedes seguir el formato «cuando [situación], entonces [acción]».

OBJETIVO	INTENCIÓN DE IMPLEMENTACIÓN

Espero que este capítulo te haya aclarado más las cosas que quieres conseguir y hacia dónde te diriges. Muchas veces, somos conscientes de las cosas que nos hacen feliz y de cómo queremos vivir nuestra vida, pero no siempre actuamos de acuerdo con ello. Ahora que sabemos dónde estamos y dónde queremos estar, los siguientes capítulos tratarán sobre cómo llegar hasta ahí, empezando por algunos obstáculos que puede que te encuentres en el camino.

RESUMEN

- Los objetivos son representaciones de un resultado que deseamos.
- El contenido de tus objetivos importa: tus objetivos te tienen que retar, pero también deben estar dentro de tus capacidades. Además, los más efectivos son específicos y medibles (aunque incluyan un rango en vez de una cifra concreta).
- Al principio, céntrate en objetivos de aprendizaje que te ayuden a adquirir las habilidades necesarias para conseguir tus objetivos de desempeño.
- Considera plantear objetivos internos con acciones dentro de tu control para acompañar a otros objetivos que no solo dependen de ti.
- El contraste mental sirve para identificar obstáculos de forma realista comparando dónde estás con dónde quieres estar.
- Finalmente, puedes utilizar las intenciones de implementación para crear un plan de acción concreto y cumplir tus objetivos.

Si encuentras un camino sin obstáculos, probablemente no te lleve a ninguna parte.

FRANK A. CLARK

TUS OBSTÁCULOS

Para mí, **vivir la vida que quiero no solo implica añadir buenos hábitos y todo lo que me hace feliz, sino también consiste en dejar de hacer todo lo que me distrae de ello**. ¿Cuáles son las cosas que evitan que vivas como quieres? En este capítulo hablaremos sobre estos obstáculos que podemos encontrarnos en nuestro camino: la procrastinación en las cosas que nos importan, estar distraídos o pasar por un momento de bajón o de falta de inspiración. Todos ellos forman parte de la experiencia humana, por lo que nuestro objetivo aquí no es deshacernos de todas estas emociones o juzgarnos a nosotros mismos cuando nos encontramos un obstáculo. Se trata de gestionarlos de la mejor forma que podamos, y aquí espero que puedas aprender algún modo más de hacerlo.

SUPERAR LA PROCRASTINACIÓN Y LAS DISTRACCIONES

Siempre ha sido tu sueño poder correr un maratón. Este año por fin vas a ponerte en forma, pero siempre hay cosas más importantes que hacer. Ya es abril y tu propósito de Año Nuevo se ha ido olvidando. El año que viene será tu año, seguro.

Tu casa está impecable. Te has pasado la tarde haciendo cosas útiles en vez de las importantes, como preparar esa presentación que tienes para la semana que viene. Empezarás cuando ya no puedas procrastinar más.

Cuando procrastinamos, aplazamos acciones importantes pero desagradables: actividades aburridas, complicadas o cansadas. A la vez, aprovechamos cualquier distracción a nuestro alrededor para evitar las sensaciones negativas de aquello que procrastinamos. Me parece una pena porque realmente nos perdemos la vida que queremos. La aplazamos y la dejamos para otro momento. Entonces ¿cómo podemos superarla?

ENTENDIENDO LA PROCRASTINACIÓN

Muchas veces, la procrastinación es una respuesta natural a las listas interminables de cosas que hacer. La forma en la que muchos gestionamos esa sensación de no poder con todo. En el mundo actual, tenemos expectativas de cómo debería verse nuestra vida, y a veces es demasiado. Gestionar proyectos, trabajo, estudios, amistades, relaciones... No siempre vamos a poder con todo, ¡y eso es normal! Pero dejar de procrastinar nos ayudará a llevarlo todo un poco mejor. Procrastinar nos aporta una sensación momentánea de alivio, que sumado a la gratificación instantánea de las distracciones, la hacen especialmente adictiva.

Otras veces, procrastinamos proyectos porque no sabemos por dónde empezar. Creemos que nuestro yo del futuro tendrá más recursos, mejores ideas, se concentrará mejor en nuestro trabajo y podrá seguir ese plan de entrenamiento. La verdad es que no es así. **Aplazar acciones importantes no nos da las capacidades para hacerlas mejor en el futuro. Si hoy te pones con algo difícil, mañana te será un poco más fácil**.

Diversos estudios de psicología nos enseñan que la procrastinación tiene consecuencias negativas, tanto en términos de estrés como de rendimiento. Por ejemplo, los estudiantes que procrastinan escribir un ensayo inicialmente se sienten mejor al evitar ponerse a trabajar y hacer algo más agradable en su lugar. Sin embargo, acaban más estresados y sacan peores notas que aquellos que no procrastinan (1). Si alguna vez has procrastinado trabajar en un proyecto con fecha de entrega, esto no te sorprenderá. A nivel general, la procrastinación nos beneficia a corto plazo, pero perjudica a nuestro yo del futuro.

Ahora no es el momento adecuado, pero este nunca llega. El tiempo pasa y evitar hacer las cosas que queremos hacer no nos prepara para hacerlas mejor en el futuro. Como dice el investigador Timothy Pychyl, la procrastinación nos quita nuestro recurso más valioso: el tiempo. Impide que vivamos nuestro tiempo limitado tal como queremos. Una cosa está clara: nunca nos arrepentimos de haber hecho las cosas que estábamos procrastinando.

TU TURNO:

¿Qué tipo de acciones sueles procrastinar?
¿Qué cosas específicas has estado procrastinando esta semana?
¿Qué emociones te produce pensar en las cosas que procrastinas?

ALOMA:

«Normalmente cuando procrastino es porque estoy evitando realizar una tarea que me genera algún tipo de estrés o incomodidad. Para mí lo mejor es ir directamente al fondo de la cuestión y calmar mis preocupaciones, para después poder hacerme cargo de las tareas que tengo pendientes».

BERTA:

«Me ayuda pensar en las emociones que he sentido en otras ocasiones e intentar darme un mensaje positivo: "Berta, si haces esto ahora, te sentirás genial contigo misma", "Berta, si terminas esto hoy, habrás conseguido tu objetivo del día", "Berta, te mereces sentirte bien contigo misma y demostrarte que eres capaz". Lejos de querer sonar cursi, he aprendido que de poco sirve decir: "Berta, si no haces esto ahora, te sentirás fatal contigo misma", que sería el mensaje contrario. No quiero amenazarme a mí misma, no quiero ponerme en alerta ni hablarme feo. Quiero recordarme que soy la mejor».

COMPROMETERTE PARA AVANZAR

Una diferencia clave entre trabajar antes o después de haber procrastinado es la presión externa. Muchos sentimos que necesitamos esa urgencia para concentrarnos y estar motivados. Si no la tenemos, no trabajamos. Una habilidad que me parece muy útil es aprender a crear tu propia presión interna para cumplir tus objetivos. En vez de seguir estímulos externos y llevar a cabo esas acciones que parecen más urgentes, puedes crear tu propio sentido de dirección guiándote hacia lo que es importante para ti a largo plazo.

Por ejemplo, cuando no quiero hacer algo y estoy procrastinando, una de las acciones que suelo hacer es responder e-mails. Esta es una tarea que tiene una sensación de urgencia, ya que las personas esperan una respuesta rápida. También es algo sencillo y me da una falsa sensación de progreso. Sin embargo, al final del día, siento que no he avanzado nada, he estado evitando las cosas que son importantes para mí. Una persona que se guía por sus objetivos a largo plazo es capaz de dejar esa sensación de urgencia externa al lado para trabajar en aquello que es importante para ella.

Existen distintas formas de crear esa motivación interna para regular nuestra procrastinación. Una de ellas es el compromiso, tanto con los demás como con nosotros mismos. Por ejemplo, es beneficioso autoimponernos fechas de entrega personales para nuestros proyectos. Si eres un estudiante y sueles procrastinar escribir tus ensayos, puedes probar a adelantar tu fecha de entrega personal. Esto funciona especialmente bien si sueles saber estas fechas con antelación. Yo, por ejemplo, me suelo apuntar la fecha de entrega real y una fecha de entrega personal una semana antes. En mi mente, tomo esa fecha de entrega personal como la real y así me siento más presionada para estar enfocada y no procrastinar en mis estudios.

¿Qué pasa si no tenemos fechas de entrega de este tipo? Normalmente, no contamos con esa presión externa para muchas de las cosas que queremos hacer. A nadie le importa si esta semana no sales a correr o si pasas todo tu tiempo libre en redes sociales en vez de hacer algo que te gusta más. Todo depende de nosotros y eso nos da libertad, pero también dificulta que cumplamos nuestros objetivos. Muchas veces, procrastinar en nuestros objetivos personales no tiene consecuencias negativas directas, como sería el caso si no entregaras tus tareas a tiempo en la universidad o en el trabajo. Esto hace que crear hábitos y sistemas de compromiso personales sea aún más importante.

LA REGLA DE UNA HORA

Cuando tenemos objetivos o proyectos grandes, cuesta imaginar cómo vamos a llegar hasta ahí. Cómo acabaremos la carrera, empezaremos esa empresa o conseguiremos estabilidad económica. Al final, todos esos proyectos se acaban logrando a través de pequeñas acciones diarias. Quizá no sepas aún cómo vas a crear la vida que quieres vivir, pero puedes identificar pequeñas cosas que vayan a acercarte a ella. Y por ahora, no tienes que comprometerte a hacerlo todo de una: aprender un nuevo idioma, escribir un libro, camperizar una furgoneta. Sino a trabajar en ello un rato cada día. Personalmente, me gusta comprometerme una hora al día para cada uno de mis proyectos hasta que los acabo. Si tienes fechas de entrega más cortas, puedes dedicarle más horas, pero es mejor comprometerte a menos tiempo al principio. Por ejemplo, yo acabé mi trabajo de fin de grado con un mes de antelación tras pasarme varios meses dedicándole una hora diaria. Solo una. A veces me sentaba, escribía un párrafo y lo borraba; pero ponía mi tiempo y energía en ese proyecto. Y ese es el objetivo, dedicarle tu presencia. Te sentarás en tu mesa o en tu cafetería favorita de forma firme y avanzarás poco a poco.

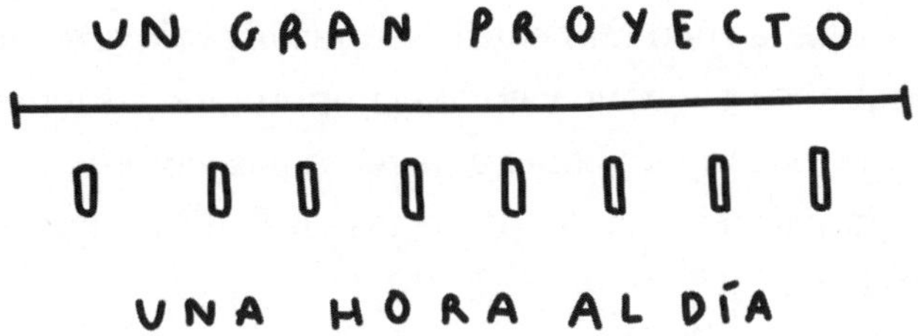

IRENE:

«Son muchos los días en los que la carga de trabajo supera lo que me gustaría y es muy común que mi cabeza tienda a agobiarse y que la pille pensando: "No puedo con todo". Pero darme cuenta de ello hace que pueda responderle y decir: "Sí puedes, y en el caso de que no lo hicieras, no pasa nada". No exagero cuando digo que todas las veces que me he agobiado por algún objetivo que veía inalcanzable ha resultado una tontería en el momento en el que he empezado a tomar acción. Siento que es un tema muy mental y me encanta ganar a mi propia cabeza y conseguir avanzar».

MICROTASKING Y SIMPLIFICACIÓN

Como hemos visto, procrastinamos aquellas cosas que nos parecen complejas y confusas, actividades que requieren un nivel más alto de enfoque, llevan más tiempo y por lo tanto son más sensibles a las distracciones. Es una tendencia humana normal: nos dispersamos y nos cuesta trabajar en proyectos grandes. No es que nos falte atención, sino que nos resulta complicado atender a algo de forma prolongada, especialmente cuando no sentimos esa sensación de progreso.

Sobre todo, priorizamos aquellas cosas que estamos a punto de completar, aquellas en las que sentimos que ya hemos progresado (2). Nos atrae naturalmente la sensación positiva de finalizar algo, aunque sea pequeño y no muy importante. De tener listas de cosas que hacer para poder ir tachándolas. Por eso cuesta un poco más trabajar en grandes proyectos a los que hay que dedicar mucho trabajo.

El microtasking aprovecha esta tendencia humana simplificando actividades para que puedan completarse en periodos más cortos de tiempo. Consiste en encontrar pequeñas formas de contribuir a tus tareas para que puedas llevarlas a cabo cuando te sientas abrumado por tu gran proyecto. Entonces, empezaremos sintetizando las cosas que queremos hacer. Podemos llegar a un punto en que esas acciones parezcan tan sencillas que hasta nos apetezca ponernos a hacerlas. También intenta que tu lista de cosas que hacer contenga acciones, no nombres de proyectos como «presentación» o «ensayo».

Por ejemplo, estas son algunas acciones que identifiqué al empezar a escribir este libro:

GRAN PASO:	PEQUEÑOS PASOS:
Escribir un libro.	Investigar el tema general. Identificar subtemas. Definir la estructura. Investigar un capítulo. Escribir las primeras palabras. Escribir quinientas palabras. Escribir mil palabras. Acabar capítulo. Revisar el capítulo. Etcétera.

Conforme he avanzado, he ido descubriendo más pequeños pasos que puedo llevar a cabo en cada sección.

Escribir sección sobre interrupciones.	Encontrar cinco estudios/resúmenes investigativos sobre interrupciones. Leer y anotar puntos importantes. Pensar en ocho preguntas para la entrevista. Entrevistar a Duncan. Transcribir la entrevista y sacar puntos clave. Estructurar puntos clave. Escribir sección y añadir comentarios.

TU TURNO:

Rellena tu propia tabla de simplificación para un proyecto actual. Igual que en el ejemplo anterior, convierte tu «gran paso» en otros pequeños que sean más accesibles.

GRAN PASO:	PEQUEÑOS PASOS:
[tu proyecto]	[tu proyecto simplificado]

MOHE:

«Lo que me ayuda a lidiar con la procrastinación es descomponer eso que tengo que hacer en pequeños pasos para que no se haga tan inabarcable. También hago el ejercicio de motivarme a ponerme ahora y no esperar al último momento».

RECUPERAR TU ATENCIÓN

Aprender a gestionar las innumerables distracciones con las que nos encontramos es esencial para que nuestra atención no esté a merced de otros. O de cualquier estímulo que venga. Actualmente, pasamos una media de tres horas y doce minutos viendo la tele o plataformas de *streaming* cada día, y dos horas y veinticuatro minutos en redes sociales (3). Es verdad que las empresas tecnológicas no van a hacer sus productos menos adictivos ni a apoyar nuestro control de uso, y no podemos quedarnos esperando a que esto ocurra.

Más allá de la tecnología, superar las distracciones supone entender por qué hacemos cosas en contra de nuestros propios deseos. **Todos queremos estar menos distraídos, pero la distracción no es solo una respuesta pasiva a la tecnología. La distracción es el escape de la vida, de todo lo que se encuentra dentro de nosotros mismos**. ¿De qué huyes? De la incomodidad del trabajo, de la falta de control, de un momento de estrés...

No existe una manera de distraernos como tal, todas las cosas que consideramos una distracción (usar el móvil, ver series, jugar a videojuegos) dejan de serlo cuando las hacemos intencionalmente. Por eso, recuperar nuestra atención supone la búsqueda de la intencionalidad en todo lo que hacemos.

Redes sociales

BERTA:

«Cada día veo más en mí misma que consigo concentrarme menos. Tengo menos memoria que antes y retengo mucha menos información. Y, sí, lo voy a decir, aun sabiendo que no digo nada nuevo: le hecho el cien por cien de la culpa a la tecnología. No uso el tiempo que tengo de la forma que quiero porque no consigo concentrarme si no es revisando el móvil cada poco. Estoy convencida de que si tuviera más fuerza de voluntad y menos accesibilidad a redes sociales los días me cundirían muchísimo más y el tiempo que invierto sería productivo y útil».

Hoy en día parece difícil encontrar a alguien que no esté en redes sociales. Conozco gente que se siente agobiada por todas las cosas que quiere hacer, pero que luego pasa cuatro horas al día en redes, exponiéndose a contenido que no la inspira ni la ayuda. Sin duda, es algo que me afecta a mí también, tengo la tendencia a distraerme mucho con ellas si me dejo. ¡Es lo más fácil! En sí, pasar más o menos tiempo en redes no tiene por qué ser malo para ti. Se trata de que tu uso se corresponda al que quieres dedicar. El mayor problema es que muchísima gente quiere pasar menos tiempo en redes sociales, pero no lo consigue.

Estos son mis pequeños consejos para pasar menos tiempo con el móvil:

- **Encuentra un sustituto.** Si quieres pasar menos tiempo en redes sociales, está bien saber qué vas a estar haciendo con ese tiempo. No somos perfectos, y no es realista pasar de estar cuatro horas en redes a cuatro en el gimnasio. Para muchos, el momento móvil es el de descanso y, para poder sustituirlo, hay que encontrar y priorizar otras actividades que nos distraigan y relajen. A veces intentamos ser nuestra versión más perfecta y productiva y pensamos que tenemos que sustituir el móvil por otra actividad productiva, como pasar nuestro tiempo libre estudiando un nuevo idioma o montando nuestro pequeño negocio. La realidad es que somos humanos y también necesitamos descansar, y estar en redes nos ayuda a recuperarnos del trabajo. Yo, por ejemplo, sé que no quiero estar con el móvil antes de dormir, entonces mi actividad sustituta es leer algo de ficción o un libro ligero. Es mucho más fácil sustituir el hábito de estar en redes con otro hábito sencillo, como leer un libro que te vaya a enganchar y que no sea necesariamente más denso. Paso a paso.

- **Usa bloqueadores.** Igual que los bloqueadores de webs de los que hablaré en la siguiente sección, también tengo límites de uso de redes en mi móvil. La gente me suele decir que poseo mucha fuerza de voluntad para pasar tan poco tiempo en pantalla, pero la realidad no es así. Simplemente tengo un límite de tiempo de uso de redes y, una vez lo gasto, se bloquean. Creo que la mejor forma de tener fuerza de voluntad para hacer cosas difíciles es no tener que usarla a menudo. En iPhone, puedes configurar límites en la sección «Tiempo en pantalla», y pedirle a un familiar o amigo que introduzca un código que tú no sepas. ¡Listo! Puedes buscar en internet cómo hacerlo para otros dispositivos.

- **Crea momentos sin redes.** ¿Cuándo fue la última vez que pasaste varias horas sin mirar el móvil? ¿Y un día entero? Aunque me crea que puedo ignorarlo, el móvil está diseñado para llamar mi atención. Siempre se dice que no hay que tener el móvil a mano cuando estés haciendo cualquier cosa para la que no lo necesites. Leer, trabajar, pintar, no es imprescindible tenerlo presente siempre. Si es algo que quieres hacer, pero acabas mirando el móvil cada minuto, puedes centrarte en este hábito cuando hablemos de nuestras rutinas en el tercer capítulo.

Dejar de interrumpirnos

Tuve la suerte de completar mi trabajo de fin de grado junto con mi tutor Duncan Brumby, uno de los investigadores del campo de la interacción humano-computadora (*Human-Computer Interaction*) en mi universidad. Una gran parte de su trabajo se centra en investigar los efectos de las interrupciones digitales en nuestro trabajo. En su oficina en Londres, estuvimos charlando sobre la naturaleza de este efecto y cómo podemos reducir el impacto negativo de las interrupciones en nuestra vida.

Las interrupciones pueden ser externas (ej.: te llega una notificación, te habla tu amiga) o internas (ej.: te pones a contestar mensajes o a organizar tu escritorio). Sorprendentemente, lo más común es interrumpirnos a nosotros mismos. Nos cuesta estar concentrados en algo durante horas y por eso buscamos algo distinto en lo que enfocar nuestra atención. Por este motivo, las interrupciones intencionales son esenciales para ayudarnos a trabajar en proyectos a largo plazo. Actividades como salir a dar un paseo entre tareas fomentan la creatividad y la concentración cuando nos sentimos estancados, y nos ayudan a conseguir mucho más. Por eso, intenta que tus interrupciones sean intencionales y que ocurran entre tareas.

El tipo de interrupciones que tiene un impacto más negativo en lo que hacemos son las que se producen en momentos poco naturales (4). Como, por ejemplo, si estás escribiendo algo y te quedas a media frase porque empieza a hablarte tu amigo o te llega una notificación. No vas a poder controlar todas las interrupciones externas, pero puedes limitarlas de una forma que te funcione a ti. Estas son algunas ideas que puedes probar:

- **Reduce las notificaciones.** Lo que más me recomendó Duncan es reducir las notificaciones no esenciales, es decir, de redes sociales, aplicaciones de noticias, incluso de cuentas de e-mail. En un estudio, quitar las notificaciones del móvil durante una semana resultó en niveles más altos de atención (5). De esta forma puedes elegir utilizar estas tecnologías de forma consciente cuando tú decidas.

- **Define momentos de comunicación específicos.** Las interrupciones más comunes son las de comunicación (te mandan un mensaje, un mail...). Si nos ponemos a leer y contestar cada interrupción cuando llega, vamos a estar siempre distraídos. A mí me gusta definir momentos específicos del día para contestar e-mails, al empezar y acabar la jornada. Si trabajas con otras personas, asegúrate de comunicar estos límites bien.

- **Usa el modo «No molestar».** Aparte de reducir notificaciones, también podemos aprovechar los modos «no molestar» de nuestro móvil para trabajar sin ser interrumpidos. Yo lo tengo configurado para que cada día de nueve a cinco las únicas notificaciones que me lleguen sean las de mensajes o llamadas de mi familia.

- **Instala bloqueadores de apps y páginas web.** Esto es especialmente útil si sueles distraerte tú solo, sin necesidad de que te interrumpan. A mí me pasa mucho, me cuesta usar mi fuerza de voluntad para evitar meterme en redes cada diez minutos. Al usar bloqueadores digitales, no necesito usar mi fuerza de voluntad, tan solo no puedo acceder a ciertas páginas que me distraen durante mi horario laboral. En el momento que estoy escribiendo esto, las dos extensiones que uso son StayFocusd (Chrome) y Leechblock (Firefox). Puedes bloquear las webs que quieras en los horarios que desees o poner un límite de tiempo fijo.

No todas estas ideas te van a servir, al final se trata de encontrar un nivel equilibrado que te funcione entre la accesibilidad y la falta de interrupciones. No vale la pena quitarse las notificaciones si vas a estar mirando el móvil constantemente para ver si llega alguna. Algunas personas pueden acabar interrumpiéndose más a sí mismas, abriendo el mail o su móvil cada cinco minutos por si acaso se están perdiendo algo. Puede que sea mejor mantener tus notificaciones más importantes o que simplemente con el tiempo aprendas a convivir con esa sensación de que te puedes perder algo. Lo encontrarás en tu momento.

TU TURNO:

¿Qué tipo de interrupciones sueles experimentar? ¿Externas o internas?

____

____

____

____

____

¿Cómo puedes limitarlas? ¿Te sirve alguna de estas técnicas?

____

____

____

____

____

QUE NO TE PILLE LA FALACIA DE LA PLANIFICACIÓN

Mucho de lo que nos planteamos hacer por la mañana acaba quedando en nuestra lista de cosas que hacer al final del día. Algunos estudios estiman que entre un 20 y un 40 por ciento del trabajo que planificamos hacer no se completa (6). Muchos investigadores se han hecho la pregunta de por qué no acabamos cumpliendo las cosas que queremos hacer. Parte del motivo se atribuye a la falacia de la planificación (7), la tendencia a subestimar el tiempo que necesitamos para completar una actividad. Desde responder al mail, escribir el trabajo de fin de grado, reformar nuestra casa o construir la Ciudad de las Artes y las Ciencias. Al tener listas tan extensas de cosas que hacer, siempre habrá una actividad más agradable que aquello que estamos procrastinando. Esto contribuye a esa sensación de que te has pasado el día superocupado, pero al final parece que no has hecho nada de valor.

Una de las cosas que quería hacer esta semana era reescribir mi currículum para mandar una nueva solicitud de trabajo. Aparte de eso tenía otras diez cosas en mi lista de tareas que (siendo optimista) quería hacer ese día. Al final, la reescritura de mi currículum me llevó cuatro horas. Me había pillado la falacia de la planificación.

Mi tutor Duncan me dijo que algo que le ha aportado investigar la planificación es el desarrollar un sentido más preciso de lo que tarda en hacer las cosas. A través de la práctica, ahora no solo es más rápido en lo que hace, sino también más honesto consigo mismo y no demasiado optimista. **Aunque está bien tener una visión positiva de la vida, en este ámbito siento que ser realista nos aporta más que ser optimista**. Podemos plantearnos las cosas que queremos conseguir de forma honesta, dándonos tiempo para respirar y paciencia cuando nos distraigamos.

Esto no significa que no tengas que apuntar alto, todo lo contrario. Reducir nuestras responsabilidades nos puede ayudar a priorizar y a aprender sobre qué es lo que realmente importa en nuestras vidas. ¿Qué pasa cuando queremos hacer demasiadas cosas? Los estudios sugieren que NO priorizamos las actividades más importantes, priorizamos las más urgentes (aunque no sean tan fundamentales). En un estudio del grupo de Duncan (8), unos trabajadores podían conseguir puntos respondiendo a e-mails que llegaban a su bandeja de entrada durante el día. Algunos correos eran más importantes (daban más puntos) y otros eran más urgentes (tenían que responderse antes para poder dar puntos). Al tener muchos e-mails que responder, los participantes en general priorizaban contestar aquellos más importantes. Sin embargo, los e-mails urgentes se respondían rápido independientemente de lo importantes que fueran. Esa sensación de urgencia es lo que hace que nos volvamos irracionales, sacrificando las cosas que añaden más valor. Al final, nos quedamos sin tiempo para lo que más importa y aporta. Y, como hemos visto antes, ¡el día a día está lleno de urgencias! Más allá de eso, puede hacer que pasemos el día dedicándole nuestra atención a pequeñas actividades diarias para nunca avanzar con nuestros proyectos a largo plazo. Siendo selectivos podemos llegar a completar las actividades que más valoramos.

Ahora que somos conscientes de este sesgo, estamos listos para empezar a ser conscientes de la urgencia e importancia de las cosas. Si no tienes claro cómo hacerlo, prueba a utilizar la siguiente matriz. Esta es conocida como la matriz de Eisenhower, una herramienta popular de gestión del tiempo que nos ayuda a clasificar las actividades que llevamos a cabo según su nivel de importancia y urgencia:

	URGENTE	**NO URGENTE**
Importante	Actividades que necesitan tu atención en este momento y que están alineadas con tus responsabilidades y objetivos. Priorizar y hacer lo primero.	Actividades que no tienen una fecha de entrega cercana, pero son necesarias para acercarte a tus objetivos a medio y largo plazo. Encontrar tiempo para esta tarea en tu agenda o fijar un horario específico para hacerla.
No importante	Actividades con una sensación de urgencia que tienen que completarse pronto, pero no necesariamente antes que tus actividades más importantes. Delegar, completar rápidamente o realizar junto con otras actividades poco importantes para que no supongan una interrupción.	Distracciones o actividades que no aportan a tus objetivos en este momento o en el futuro. Intentar reducir su impacto y crear tiempo para estas actividades en momentos no dedicados al trabajo.

TU TURNO:

Rellena esta matriz de Eisenhower clasificando tus actividades en términos de su urgencia e importancia. Puedes centrarte en las cosas que hiciste durante los últimos días o las que realizas más a menudo en general.

	URGENTE	**NO URGENTE**
Importante	ej.: acabar esa presentación para mañana, escribir tu ensayo.	ej.: aprender nuevas habilidades, progresar en la escritura de tu libro...
No importante	ej.: responder e-mails no esenciales, actividades administrativas.	ej.: ver vídeos en internet, organizar tus libros por colores...

Basándote en tus respuestas, reflexiona sobre qué tipo de tareas sueles priorizar y cuánto tiempo pasas haciendo estas tareas (relativamente).

____

____

____

____

____

Si este ejercicio te cuesta un poco más, no te preocupes. Simplemente céntrate en usar la matriz para crear una jerarquía de prioridades en tus actividades diarias.

PRIORIZA, QUE NO HAY TIEMPO PARA TODO

Una gran parte de los métodos de productividad actuales se basan en encontrar formas de maximizar nuestro tiempo y conseguir hacer más. Ahora mismo, estoy intentando aceptar que no voy a lograr hacer todo, pero puedo intentar realizar lo más importante. Siempre va a haber cosas que se escapen porque cada vez que decides dedicarle tu tiempo a algo estás eligiendo no invertirlo en otra cosa. No quiero pasarme la vida huyendo del sentimiento de que no hay tiempo para todo. **¡No hay tiempo para todo! Realmente no lo hay, así que nos toca elegir**.

En el increíble libro *Cuatro mil semanas*, Oliver Burkeman explora nuestra relación con el tiempo y la finitud de nuestra vida. Cuatro mil semanas es lo que dura una vida de ochenta años. Como exgurú de productividad, Burkeman pasó muchas horas intentando encontrar el método perfecto para poder hacer todo lo que quería y sentirse satisfecho con su gestión del tiempo. Tras varios años, se dio cuenta de que ese método no existía, hacer más no era la fórmula para sentirse bien por varios motivos. Ser más eficiente suele resultar en un incremento en las cosas que tienes que hacer. Como antes, pongamos el ejemplo de responder e-mails. Si eres muy rápido respondiendo, vas a recibir respuestas más pronto, lo que te dará más trabajo. Si consigues llevar bien tu trabajo y tu pódcast, igual te empieza a llamar la atención apuntarte a ese curso de fotografía o al gimnasio. Como decía C. Northcote Parkinson, «el trabajo se expande hasta llenar el tiempo disponible para que se termine».

La vida moderna ofrece un número infinito de experiencias posibles, de cosas que podrías estar haciendo en este momento. Cuanto más haces, más te das cuenta de lo que podrías hacer. No hay un lugar de paz y satisfacción al terminar todo lo que quieres en este momento, e intentar ser perfectos no nos va a ayudar. ¿Qué significa esto para nosotros? Burkeman sugiere encontrar tus prioridades, decidir en qué enfocas tu energía de forma consciente. Aprender a decir que no, permitirnos tener tiempo libre, aceptar nuestras limitaciones y esa sensación de que siempre vas a tener cosas que hacer, toda tu vida.

Cuando siento que no hay suficientes horas en el día para lo que quiero, algo que aprendí de mi amiga Berta es organizar mis listas de tareas entre cosas que TENGO que hacer y cosas que QUIERO hacer. Como no somos bebés, tenemos responsabilidades, y claro que tendremos cosas que hacer. Pero especialmente si eres una persona con altas expectativas de sí misma, muchas de las cosas que sientes que debes hacer en realidad son las que quieres hacer. Siendo alguien con muchos proyectos personales, me pasa mucho. Y creo que hay algo muy liberador en dejar ir la necesidad de realizar ciertas cosas. Así, si eliges llevarlas a cabo, sabes que es porque quieres, y no por obligación. La vida tampoco es una lista de cosas que hacer.

TU TURNO:

Rellena esta tabla con las actividades que sientes que tienes que hacer.

COSA QUE «TENGO» QUE HACER	PROPÓSITO ¿Por qué la tengo que hacer? ¿Qué objetivo satisface?	IMPORTANCIA Del 1 al 10, ¿cómo de importante es para mi bienestar o mis objetivos? ¿Por qué?	DISFRUTE Del 1 al 10, ¿cuánto disfruto de ella? ¿Por qué?	TOTAL Importancia + disfrute

Si solo pudieras hacer de dos a cuatro de estas actividades al día, ¿cuáles serían?

¿Qué actividades dejarías ir? ¿Cómo se vería tu vida si lo hicieras?

¿Sueles priorizar tus actividades de acuerdo con la importancia y el disfrute en tu día a día? ¿Qué priorizas?

Es natural que la procrastinación siga formando parte de tu vida ocasionalmente, que te sientas abrumado por un proyecto y quieras evadirte de esa sensación con algo más agradable. Es una tendencia universal. Al entender por qué procrastinamos (ej.: la complejidad, sobreestimar nuestras capacidades o priorizar la urgencia), podemos crear sistemas para dar prioridad a las cosas que más nos importan en nuestro día a día. Espero que las técnicas detalladas en este capítulo te ayuden a dejar de aplazar la vida que quieres.

RESUMEN

- Procrastinar nos aporta una sensación momentánea de alivio, pero a largo plazo nos hace rendir peor y estar más estresados.
- Puedes ejercer presión interna creando compromisos tanto con los demás como contigo mismo, como con la regla de una hora.
- Simplificar y encontrar pequeñas formas de progresar con tus proyectos puede hacer que las tareas parezcan menos abrumadoras.
- La falacia de la planificación puede llevarnos a subestimar el tiempo necesario para completar actividades, lo que contribuye a la procrastinación.
- No hay tiempo para todo, por lo que encontrar nuestras prioridades resulta esencial.
- Nuestra tendencia natural es priorizar las actividades que parecen más urgentes sobre las más importantes. Construir consciencia sobre la importancia relativa de las cosas que podemos hacer puede ayudarnos a priorizar lo importante.

LOS BLOQUEOS MENTALES

IRENE:

«Siempre que siento que estoy bloqueada, me gusta decirle a mi cabeza: "Ya pasará". Muchas veces no podemos controlar el hecho de no estar en un buen momento o de no sentirnos inspirados, puesto que esto no solo depende de factores internos, sino también de todo lo que nos rodea. Por lo tanto, me digo a mí misma que ya pasará. Y, por supuesto, si siento que hay algo que solucionar, me pongo manos a la obra. Suele pasarme que cuando tengo estos bloqueos es porque hay algo que no me está dejando avanzar. Una conversación pendiente, recados acumulados, tareas que se me exigen o el conjunto de todos ellos. Dedicarme unos días a analizarlos y tomar acción hace que poco a poco la bola se vaya deshaciendo y empiece a ver la luz al final del túnel».

¿Qué podemos hacer para lidiar con un momento de bloqueo? O sea, cuando las cosas no van como planeamos o no nos sentimos motivados ni listos para enfrentarnos al mundo. La realidad es que, a lo largo de nuestra vida, nos encontraremos con todas estas situaciones y emociones difíciles. ¡Es lo normal! En esta sección, aprenderemos a superar una mala racha, a encontrar la inspiración o una nueva forma de pensar, cambiaremos el modo de ver el fracaso e intentaremos encontrar la satisfacción en el momento presente. Siéntete libre de empezar por la sección que más te guste si estás pasando por alguna situación específica sobre la que quieras aprender más.

DEJAR LA BÚSQUEDA CONSTANTE DE LA FELICIDAD FUTURA

La alegría de un ascenso, el miedo a un diagnóstico, la emoción de un nuevo comienzo, la decepción de una historia de amor fallida... Todas estas emociones se atenúan con el tiempo. Hay personas que están constantemente en busca de nuevas experiencias o comprando cosas que piensan que les harán felices, siempre esperando lo siguiente. Lo cierto es que este tipo de felicidad no dura. Aquello que percibimos como especialmente negativo o positivo acaba convirtiéndose en algo neutral para nosotros. Este es un concepto conocido **como la adaptación hedónica, referido al hecho de volver a un nivel estable de felicidad y satisfacción en nuestras vidas después de vivir grandes experiencias, sean positivas o negativas**. Todas las cosas buenas que conseguimos en nuestra vida son acogidas por grandes emociones positivas, pero estas se acaban atenuando conforme pasa el tiempo (9). Lo mismo ocurre con nuestras grandes emociones negativas y las malas rachas. Aquello que inicialmente se siente como algo que nunca conseguiremos superar (un cambio indeseado, una pérdida) se convierte al final en parte de nuestro día a día. Hasta las grandes emociones son temporales.

Uno de los estudios más citados sobre el tema descubrió que, a la larga, las personas que habían ganado la lotería no eran más felices que el resto (10). Ganar la lotería no eleva tu felicidad permanentemente, sino que cambia tu punto de referencia con el que comparas tu realidad. Conforme tienes más dinero, tus expectativas y deseos también se hacen más altos. En otro estudio, los efectos positivos de casarse, encontrar trabajo o recibir un ascenso solo duraron unos tres meses como máximo (11). Está claro que recibir un ascenso tiene un efecto positivo en nuestras finanzas y va a hacer nuestra vida mucho más cómoda a mayor largo plazo, pero este efecto no suele afectar nuestra felicidad a la larga. Es verdad que nuestras experiencias tienen un impacto mucho más amplio en nuestras condiciones de vida, pero no necesariamente en nuestro bienestar subjetivo. Esto también se conoce como la rueda hedónica, aunque te muevas, sigues en el mismo sitio.

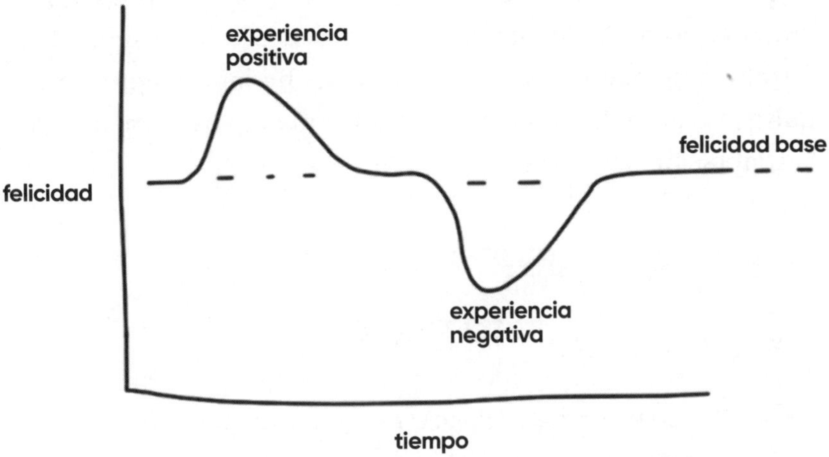

Me parecía importante escribir sobre la adaptación hedónica en este libro porque reta esta noción que tenemos de que podremos finalmente alcanzar la felicidad si cambiamos nuestra vida. Hablaremos sobre los cambios de vida y cómo conseguirlos, pero creo que es importante recalcar la complejidad de la psicología humana y de todos los factores que la rodean. Esta adaptación es la razón por la que tenemos la tendencia de siempre aspirar a más y de sentirnos insatisfechos.

¿Deberíamos dejar de aspirar a una vida mejor? Para nada. Pero está bien que esta aspiración venga acompañada de la consciencia y la apreciación de todo lo que ya tienes. Si no, es fácil entrar en esa ilusión de que la felicidad siempre se encuentra en lo siguiente. De querer más y más, intentando llenar ese vacío psicológico. ¿Esto quiere decir que hagamos lo que hagamos nunca vamos a ser más felices de lo que ya somos? No necesariamente. Significa que **no podemos esperar a que un evento en nuestra vida de repente nos aporte la felicidad**. Sea por fin encontrar pareja, o un trabajo mejor, o comprar una casa, o jubilarte. Aunque esta felicidad base sea relativamente estable, también se puede influenciar (12) a través de pequeños cambios en nuestra forma de pensar y de vivir. ¡Nuestra felicidad no solo depende de las cosas que nos pasan! En las siguientes páginas, te hablaré sobre dos formas concretas de escapar de la rueda hedónica. Pero antes, quizá te ayude reflexionar un poco sobre tu propia experiencia de la adaptación hedónica.

TU TURNO:

Piensa en una experiencia reciente (o pasada) que te generó una emoción intensa, sea positiva o negativa. ¿Cómo te sentías en ese momento? ¿Cómo ha evolucionado ese sentimiento?

____

____

____

____

____

Reflexiona sobre alguna expectativa que tienes actualmente y que crees que te hará más feliz en el futuro. ¿Crees que cumplirá todas tus necesidades a largo plazo? ¿Cómo se verá tu vida y cómo te sentirás una vez que te adaptes a esa experiencia?

____

____

____

____

____

ALOMA:

«No vivo actualmente la vida que me gustaría vivir porque siempre aspiro a más, soy ambiciosa. Y aunque estoy agradecida por todo lo que tengo y me considero una persona muy afortunada, siempre me gusta ir más allá. Termino dentro de poco mi vida como estudiante y entro en el mundo laboral. Mi sueño es poder vivir de mis proyectos profesionales y por supuesto poder independizarme. También me gustaría hacer más deporte, viajar mucho y desarrollarme en ciertos ámbitos de mi vida. Me queda mucho que aprender. Personalmente estoy en un muy buen punto conmigo misma, sabiendo de mis fallos y mis virtudes e intentando ser mejor persona cada día. Tengo la suerte de estar rodeada de personas maravillosas y de profesionalmente haber empezado a trabajar en mi pasión. Insisto, soy muy afortunada. Pero creo que está en mi esencia el buscar siempre algo más».

¿Cómo escapar de la rueda hedónica?

Para esto hay algo clave y que, aunque pueda parecer obvio, es verdaderamente crucial. Veámoslo.

Apreciar el momento en el que estás

Esto es más fácil decirlo que hacerlo, pero realmente nos podemos pasar una vida entera buscando un futuro más feliz. Pensando que la siguiente fase de nuestra vida será aquella que por fin nos va a hacer felices. Me recuerda a una reflexión anónima que leí hace años, cuando estaba acabando el instituto con muchas ganas de pasar a mi siguiente fase:

> Primero me moría por acabar el instituto e ir a la universidad. Luego me moría por acabar la universidad, trabajar, casarme y tener hijos. Y luego me moría por que mis hijos crecieran para poder volver al trabajo. Luego me moría por jubilarme. Ahora me estoy muriendo. Y de repente me doy cuenta de que olvidé vivir.

Que estar ilusionado por un futuro mejor no haga que aplaces tu felicidad del presente. Podemos trabajar hacia nuestros objetivos mientras apreciamos dónde nos encontramos en este momento. Al valorar la felicidad que tenemos en el ahora, dejamos la búsqueda constante de la felicidad en los eventos futuros.

TU TURNO:

Trabaja la apreciación del presente rellenando esta lista con cinco cosas por las que estás agradecido en este momento. Pueden ser grandes logros de tu vida o cosas sencillas como una sensación u objeto.

Si te gusta la experiencia, puedes plantearte introducir esta práctica en tu rutina diaria de escritura para ayudarte a cultivar la apreciación en tu día a día.

–

–

–

–

–

Introducir variedad

Como hemos visto anteriormente, nuestra felicidad se adecúa a las experiencias o rutinas a las que nos adaptamos. Por eso, ese sentimiento de insatisfacción con nuestra vida suele aparecer cuando todo se convierte en algo demasiado cotidiano. Cuando estamos en ese bucle de rutina y el día a día acaba perdiendo su interés.

Aparte de cultivar la apreciación por nuestro presente, otra forma de escapar de la rueda hedónica es introducir variedad a nuestros días. Cuando una experiencia se convierte en parte de nuestro día a día, nos adaptamos a ella y es más difícil que sea placentera como antes. La variabilidad hace que la vida sea un poco más emocionante. De esta forma, no dependemos de que una única cosa nos haga felices, sino de muchas pequeñas experiencias que nos van sumando una a una.

Las investigadoras Etkin y Holmes querían saber si pasar tiempo haciendo una variedad de actividades nos haría más felices. Descubrieron que, a largo plazo, así es. Hacer una mayor variedad de actividades estaba relacionado con niveles más altos de felicidad (13). Por ejemplo, cuando miras atrás al final del día y te das cuenta de todas las pequeñas cosas que han contribuido a tu felicidad: pasar tiempo con tu perro, tomarte el café en el balcón por la mañana, cenar con tu amiga, adelantar en tu trabajo… Esta variedad contribuye a nuestra satisfacción con el día. Esto es así siempre que se trate de periodos más largos de tiempo: días, meses o años. Sin embargo, hacer más actividades en periodos más cortos de tiempo (como una hora) puede causar ese sentimiento de sobreestimulación y estrés. Así que, añade variedad a tu día sin llegar al punto en que te comprometas a demasiadas cosas.

TU TURNO:

Piensa en una actividad distinta que puedas hacer cada uno de los días de la próxima semana. Puede ser algo sencillo como dar un paseo después de cenar o tomarte tu café en el parque al lado de casa en vez de en tu mesa... Tampoco tiene que ser algo que nunca hayas hecho, sino que no hagas regularmente.

lunes	martes	miércoles	jueves

viernes	sábado	domingo	más ideas

SUPERAR UNA MALA RACHA

Todos pasamos por malas rachas a lo largo de los años: momentos de estrés, de cambios importantes, etapas en las que cada día es demasiado parecido al anterior. Si estas emociones negativas persisten a largo plazo, se vuelven desproporcionadas o impiden que sigas con tu vida con normalidad, mi recomendación siempre va a ser lidiar con ellas junto a un profesional. Hay un límite a lo que podemos superar solos.

Sin embargo, sentir bajones ocasionales también forma parte de las fluctuaciones naturales de tu estado de ánimo. No tiene por qué ser algo alarmante. Aunque quizá ahora no te lo parezca, ¡todo el mundo lo experimenta! En su justa medida, este malestar puede ser simplemente una señal de que es el momento de crear cambios en nuestra vida. La tristeza es una emoción y, como todas, solo quiere que la escuches. Podemos aprender mucho de ella y usarla para impulsarnos hacia una nueva etapa o forma de ver el mundo. Estos son algunos pasos que puedes seguir para ello:

- **Buscar lo que no funciona.** Puede que reconozcas el sentimiento de bajón, pero aún no sepas por qué está ahí. Buscar aquello que no está funcionando para ti es un primer paso. A mí me ayuda usar la técnica del diagrama, donde escribo absolutamente todo lo que tengo en mente en esos momentos de mala racha para crear conexiones entre ideas. A veces, todos nuestros sentimientos y pensamientos se acaban enredando, ¡y no sabemos por dónde empezar! Es muy útil poder concretarlos sobre el papel y darles forma más allá de tu mente. Ahora las cosas que te estaban estresando también existen en un lugar externo a ti. Puedes observarlas, identificar su importancia, sus relaciones, su permanencia… Todo está más claro.

Aquí te dejo un ejemplo de uno de los diagramas que hice el año pasado. Quizá sea por mi aversión al caos, pero siempre que hago este ejercicio acabo sorprendida por la paz que me genera poner orden a mis pensamientos. A veces, simplemente poder concretar mis preocupaciones de forma honesta me quita un peso de encima. Me da perspectiva. Puedo ver que mis preocupaciones son válidas, pero también pasajeras, y que como todo pasarán.

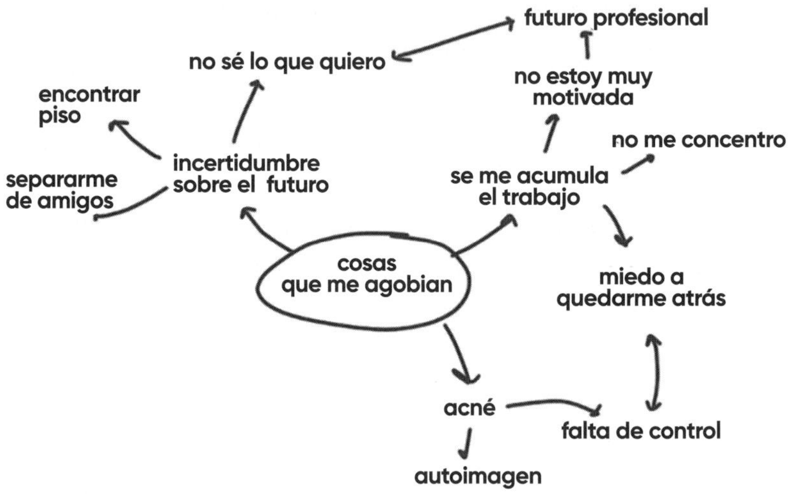

- **Empezar por algo dentro de tu control.** Al mirar tu diagrama con todas las cosas que tienes en mente, puedes identificar las que están bajo tu control. Siempre va a haber algo que nos estrese porque está fuera de nuestro control (¿nos aceptarán en ese puesto de trabajo que queremos?), pero, ahora mismo, no hace falta enfocarse en ello. En todo momento habrá algo bajo nuestro control: cómo gestionamos los problemas. Algunas formas adaptativas de afrontarlos son por ejemplo pedir ayuda o buscar soluciones. Otras no adaptativas son evitar nuestros problemas, fantasear o echar la culpa a nosotros o a los demás (14).

Mirando el diagrama anterior, puedo ver que hay varias cosas bajo mi control: dedicarle mi tiempo y presencia a la búsqueda de piso y a mi trabajo de la universidad. Así que puedo planear enfocarme en ello las próximas semanas. Eso no asegura que vaya a encontrar piso o a sacar buenas notas, pero sí que haga todo lo que esté en mi control para acercarme a ello. Y eso, por ahora, es suficiente. No importa lo que ocurra a tu alrededor, siempre habrá cosas que podrás controlar: trabajar en algunos objetivos, en cosas que te hagan feliz, pequeñas rutinas o en las decisiones que tomes.

- **Cuidarte.** ¿Comes bien? ¿Mueves tu cuerpo? ¿Duermes lo suficiente? Ya sabemos lo que nos hace bien y que cuidar de nosotros mismos es esencial para nuestro bienestar tanto físico como emocional (15). Normalmente, sentirnos mal hace que nos cueste más cuidarnos, lo cual contribuye a sentirnos peor. Es un círculo vicioso. Si has estado un tiempo dejándote de lado, puedes intentar romper este ciclo poco a poco cuando estés listo, volviendo a incorporar las cosas que te sientan bien. No hace falta hacerlo todo de golpe, empieza con paseos cortos, una pequeña sesión de limpieza... Cualquier cosa que vuelva a poner el foco en nuestro mundo exterior. Cuando estoy pasando por un mal momento, suelo pasar mucho tiempo absorbida por mis propios pensamientos. Cuando vuelvo a hacer ejercicio, a moverme, a respirar, consigo cambiar el foco de mi mente a mi cuerpo. Haciendo esto, puedes conseguir volver al equilibrio. En el siguiente capítulo también conoceremos más herramientas para retomar buenos hábitos que te ayuden a superar una mala racha.

CELIA:

«Soy una persona que tiende a tener momentos de bajón frecuentemente, así que para mí es muy importante tener un "plan de acción" e identificar muy muy bien qué es lo que estoy sintiendo y por qué lo estoy sintiendo. Para esto lo que más me sirve es escribir en una hoja todo lo que estoy pensando. No soy muy cuadriculada con ello, escribo literalmente lo que se me pasa por la cabeza, aunque sean palabras y frases que gramaticalmente no tengan sentido, me ayuda mucho a descargar. Según el grado de "bajón" que tenga, actúo de una forma u otra.

Si es algo leve, me dejo "estar triste" un día, me quedo en casa descansando, viendo una serie, llorando lo que necesite... A partir del segundo día me obligo a mí misma a salir un poco de casa y despejarme. Caminar por la calle me ayuda muchísimo a relativizar. He identificado que, cuanto más tiempo paso en internet, más propensa soy a tener momentos de bajón, así que cuando estoy triste intento alejarme lo máximo posible del móvil y del ordenador. Otra cosa que me sirve mucho es hablar con la gente a la que quiero. A veces creo que solo yo puedo entender lo que me pasa, pero tener otra perspectiva me baja a tierra y hace que no se me vaya tanto la olla. Por supuesto, mi psicóloga también es parte fundamental de todo este proceso».

TU TURNO:

Dibuja tu propio diagrama con las cosas que te estén agobiando, como en el ejemplo anterior. Intenta escribir cualquier preocupación que surja en tu mente sin limitarte ni juzgarte. Conecta todo lo que sientas que está relacionado.

Rellena este diagrama separando tus preocupaciones entre cosas dentro y fuera de tu control. ¿Qué acciones específicas puedes llevar a cabo para ayudarte a progresar y aliviar estas preocupaciones?

Crea un plan de acción realista (ej.: dedicarle una hora al día cada noche a buscar piso y contactar agencias).

CLAU:

«Lo que me ha ayudado a superar una mala racha podría resumirse en terapia, pasar tiempo conmigo misma haciendo cosas que me sientan bien y socializar. Hay rachas que se pueden superar sin terapia y haciendo cosas una misma y otras que requieren mucho tiempo, paciencia y cariño. Para mí ha sido clave darme mi espacio y tiempo para estar sola, para descansar sin sentirme culpable y para hacer todo aquello que sé que me hace sentir bien: escribir, meditar, hacer visualizaciones, prepararme comida o bebidas ricas, salir a pasear, hacer deporte, organizarme la vida, darme un buen baño, hacer manualidades, ver pelis, leer, cuidarme la piel con cremas y mascarillas o tumbarme en la cama y no hacer absolutamente nada».

CONSEGUIR VOLVER A ESTAR INSPIRADO

La inspiración no solo impulsa nuestros proyectos creativos, es aquello que nos mueve y motiva en todo lo que hacemos. ¿Dónde está la inspiración cuando la necesitas? Aunque nos gustaría estar en este estado constantemente, la inspiración viene y va y nos deja con nuestras ideas a medias. Literalmente, inspirar nos recuerda al proceso de inhalar y, de la misma forma, la inspiración nos llena con nuevas ideas y energía vital. No solo experimentamos este sentimiento, sino que también nos motiva a actuar. De la misma forma, actuar y seguir creando aunque no estés inspirado puede ayudarte a volver a estarlo.

Lo malo de la inspiración es que no puedes quedarte sentado esperando a que llegue. Tienes que empezar antes de sentirte inspirado, porque si no quizá nunca llegue. Tampoco hace falta forzarse, sino crear sistemas en los que no dependas de la inspiración para hacer lo que te gusta. Por ejemplo, en la escritura de este libro he intentado organizarme para cumplir un objetivo de escritura diario y no quedarme atrás. Es un método que sirve casi todos los días, porque no puedo esperar a sentirme inspirada para ponerme a escribir. La inspiración no es algo que aparezca mágicamente, sino que intento crear a través de la acción. Muchas veces, aunque no esté inspirada al empezar, acabo encontrando la inspiración conforme escribo cada palabra.

Aun así, hay días en los que todo fluye y otros en los que no. Y no hay nada de malo en separarte de tu proyecto unos días o semanas para volver a él con más energía. Aparte de descansar, esto nos permite calmar y organizar nuestras ideas. Pronto veremos cómo puedes crear espacio mental en tu día para dejarte establecer nuevas conexiones y encontrar una forma original de ver las cosas.

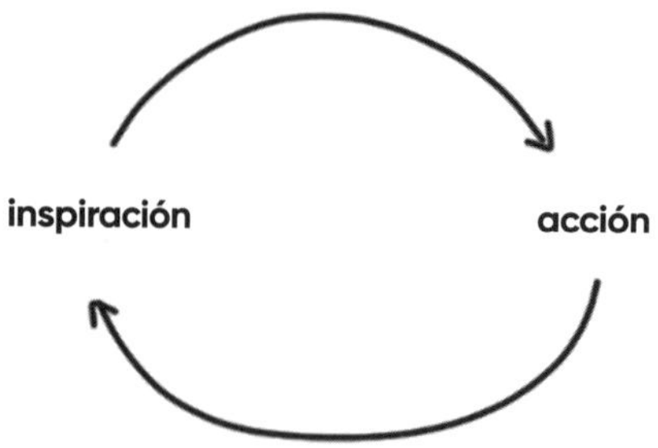

La inspiración forma parte de ti. Está claro que va a haber cosas externas que te inspiren: personas, imágenes, lugares... Pero todas esas cosas te inspiran cuando tú estás receptivo y cuidas de tus proyectos incluso sin estar inspirado. Aunque parezca que no, realmente estás preparado para ese proyecto que lleva un tiempo en tu mente. Porque la forma en la que te prepararás será haciéndolo. Entonces, empieza sin estar listo (porque realmente lo estás). Ahora, vamos a explorar algunas ideas para conseguir volver a estar inspirado.

Seguir lo que te inspira

El trabajo de cada persona es una mezcla única de sus inspiraciones. No llegamos al mundo con ideas. Cada idea original que surge de nosotros lo hace influida por las experiencia que hemos tenido, las conversaciones o lecturas. Este libro también es una mezcla de todas mis inspiraciones a lo largo de los años: mis experiencias, conversaciones con amigos, lo que he aprendido en clase, los valores con los que he crecido, los libros que he leído... Todas ellas forman la persona única que soy ahora, y toda idea que salga de mí es un derivado de ellas.

Creo que la creencia de que no hay nada original es bastante liberadora. Todos estamos construyendo sobre los pilares de otros, aportando nuestra mezcla única de inspiraciones. La originalidad real consiste en crear algo auténtico para ti, una síntesis de ideas pasadas. Por eso, la inspiración puede llegar a través de seguir todo lo que te inspira. Cuantas más ideas descubras, más original será esta síntesis.

TU TURNO:

Reflexiona sobre las cosas que te inspiran ahora y lo hacían en el pasado. Puedes pensar en personas, libros, ideas, películas, música, lugares, naturaleza, poemas, conversaciones o cualquier práctica.

¿Cuáles eran tus mayores influencias cuando estabas creciendo?

¿Cuáles son tus mayores influencias ahora?

Volver a ser un principiante

Siento que muchos de nuestros momentos más creativos son aquellos en los que somos principiantes, el momento en el que empiezas algo nuevo, antes de saber lo que está bien y lo que está mal. Brandon Stosuy, el autor del libro *Stay Inspired*, dice que «la inspiración puede ser una forma de resolución de problemas que se genera cuando tus habilidades y conocimientos no se corresponden con aquello que quieres conseguir» (16). Al encontrarse con este nuevo contexto, nuestra mente tiene que hallar una nueva forma de pensar o hacer las cosas. Por eso podemos descubrir la inspiración en una nueva disciplina, donde no tenemos la presión de todo lo que hemos hecho antes.

TU TURNO:

Reconéctate con el sentimiento de ser un principiante volviendo a hacer algo por primera vez. ¿Qué actividades nuevas te gustaría probar? Rellena estos círculos con algunas ideas de disciplinas que te interesen. Intenta pensar en cosas muy distintas a lo que suelas hacer. Por ejemplo, las prácticas que he probado en el último año incluyen la cerámica, el taekwondo y la escritura de este libro. Volver a ser un principiante me ayuda a mantener la mente abierta y me quita esa presión de tener que hacer las cosas mejor de lo que las he hecho antes.

ALOMA:

«Algo que me ayuda a la hora de encontrar inspiración es buscarla en diferentes lados, aunque estos no pertenezcan como tal a lo que yo estoy creando. Es decir, si necesito inspiración para el libro que estoy escribiendo no busco referencias en otros libros, si no que me voy a otras disciplinas artísticas como la pintura, la música, el cine... Busco inspiración en otros lugares que me puedan dar algo diferente, que me hagan pensar e ir más allá con mis ideas creativas».

La calma del aburrimiento

¿Cuándo fue la última vez que no hiciste nada? Una de las maneras en las que hemos conseguido superar el aburrimiento es a través del entretenimiento constante. La televisión, la lectura o el móvil para rellenar cualquier momento del día en el que no estamos estimulados por nuestro trabajo, estudios o relaciones sociales. Un famoso estudio (17) demuestra cuánto nos cuesta entretenernos con nuestros propios pensamientos. Cuando se les planteó estar quince minutos en una sala sin hacer nada, un cuarto de las mujeres y dos tercios de los hombres prefirieron darse descargas eléctricas para entretenerse. ¡Un hombre incluso llegó a darse ciento noventa descargas eléctricas en ese cuarto de hora! En general, muchos preferimos hacer algo negativo antes que no hacer nada. Y eso es una pena, porque nos podemos perder todos los beneficios de encontrar espacio mental.

Cultivar tiempo para no hacer nada es algo accesible para todos (puedes hacerlo mientras estás en el transporte público o en la ducha) y puede ayudarte a ser más creativo. ¿Nunca has tenido una discusión con alguien y una vez que se acaba se te ocurre tu mejor argumento? ¿Estar andando a casa o en la ducha y que te surja una buena solución a algún problema que estabas intentando resolver? **Al estar siempre ocupados, evitamos que nuestra mente divague y cree nuevas conexiones entre ideas** (18). Por eso, encontrar ese tipo de calma en nuestro día es esencial para estar inspirados.

Algunos escritores atribuyen su inspiración a los momentos de aburrimiento. En una entrevista, J.K. Rowling cuenta que la idea de *Harry Potter* se le ocurrió en un viaje de tren volviendo a Londres (19). Quizá, si no hubiese estado mirando por la ventanilla y pausando su mente, *Harry Potter* nunca hubiera existido. En su libro *Rituales cotidianos*, Mason Currey explora las rutinas diarias de artistas, siendo el aburrimiento un punto en común (20). Cuenta que las actividades fáciles que ayudan a divagar son un elemento esencial del proceso creativo a lo largo de la historia.

Esto tampoco significa que tengamos que empezar a hacer cosas que nos parezcan aburridas. Al igual que el resto de las emociones, como la tristeza o la ira, el aburrimiento es una señal (21). Lo primero que nos puede indicar es una falta del sentido de la actividad. Si nos da igual lo que estamos haciendo, no vamos a seguir interesados en ello. Otra cosa que señala el aburrimiento es un problema de atención, que ocurre cuando una actividad es demasiado fácil o difícil para nosotros. Como si tienes un trabajo fácil y repetitivo que no te estimula lo suficiente o haces unos ejercicios demasiado difíciles para ti en los que no te puedes concentrar. Una vida llena de cosas sin sentido, demasiado fáciles o difíciles será una vida aburrida. Podemos buscar ese sentido y una buena estimulación de las cosas que tenemos que hacer mientras cultivamos momentos de desconexión intencional. Encontrar momentos para aburrirte es bueno, pero mientras sigues viviendo una vida intencional.

MOHE:

«Cuando no me siento inspirada suelo ir a un lugar donde haya naturaleza. Puede ser un parque, un bosque, pero que pueda ver vegetación y escuchar a los pájaros. Por alguna razón esto me conecta con un sentimiento de calma y además siempre me abre la mente a nuevas ideas».

TU TURNO:

Además de tener una lista de cosas que hacer, crea otra de momentos en los que no hacer nada y dejar la mente en blanco. No te preocupes, tampoco hace falta que estés en una sala vacía. Puedes crear situaciones de pocos estímulos en tu día, como un paseo en la naturaleza (sin escuchar música) o una sesión de meditación observando la respiración. También lo puedes incorporar a tu rutina y no estar con el móvil la próxima vez que estés esperando el bus. ¿En qué momentos de los próximos días puedes crear espacio para no hacer nada?

APRENDER A FALLAR

El éxito instantáneo no es nada común. No importa lo que hagas, probablemente pases mucho tiempo, quizá años, sin ser reconocido. Si piensas en todas las personas que admiras por lo que han conseguido en su vida, sean artistas, escritores, inventores o emprendedores, seguro que los conoces por sus éxitos y no por sus fallos. Pero eso no significa que no hayan fallado. Las personas con más éxitos son las que erran más a menudo, porque tienen el valor de hacer cosas difíciles, de arriesgarse y darle una oportunidad a lo que creen que vale la pena.

Thomas Edison, refiriéndose a sus inventos fallidos, dijo que no había fallado mil veces, sino que había encontrado mil formas que no funcionan de hacer las cosas. A lo largo de su vida, patentó miles de invenciones. Muchas no funcionaron ni fueron útiles ni se vendieron, pero él seguía probando inventos y dándole una oportunidad a todas sus ideas. Su éxito (y el de muchos más) no se basa en ser una persona que lo hace todo bien, sino en no dejar que el fracaso lo defina, en ser consistente. El fracaso resulta inevitable, pero lo importante es aprender a fallar haciendo las cosas que nos importan.

Está claro que tenemos que mantenernos firmes con los proyectos en los que creemos, pero solo si nos hacen felices. **Es igual de importante saber ser consistente y creer en nuestro éxito futuro que aprender a reconocer cuándo algo realmente no está funcionando y debemos dejarlo ir**. Debemos aceptar nuestro fracaso y aceptarnos a nosotros mismos como personas imperfectas. Porque hagas lo que hagas, vas a fallar. Si no en una cosa, será en otra. Pasa lo mismo que cuando priorizamos algo en la vida. Quizá lo importante sea parar, aprender del fallo y dejarlo ir. No es un fracaso si aprendes de ello.

REN:

«Creo que muchas veces que estoy en un momento de bloqueo no es porque no tenga ideas, sino por miedo a llevar a cabo estas ideas y fracasar. Se podría decir que lo mejor para lidiar con el estancamiento es hacer, hacer y hacer. Dejar de buscar un resultado y no tener en mente las expectativas. Tal vez no sea lo que esperaba, pero al menos sé que estoy más cerca que cuando no me movía por ello».

El fracaso de no fracasar

Subconscientemente, solemos mantenernos en situaciones en las que estamos cómodos y sabemos que vamos a hacer las cosas bien, que no vamos a fallar. Aquí podemos descansar y sentirnos bien con nosotros mismos, es algo importante. Sin embargo, en este estado no ocurre el crecimiento. Recuerdo que cuando era pequeña tenía un póster gigante que explicaba el concepto de zona de desarrollo, inspirado por el famoso psicólogo Vygotsky. En su teoría del desarrollo cognitivo, Vygotsky crea esta distinción entre nuestra zona de confort y la de desarrollo próximo (22). Esta incluye todas las cosas que los niños y estudiantes pueden conseguir con un poco de ayuda, apoyando así su aprendizaje y expandiendo la variedad de cosas que pueden hacer.

Podemos aplicar una visión parecida a nuestro desarrollo personal. Nuestra zona de desarrollo es un lugar cercano al fallo, pero aquel donde podemos crecer. Después de un periodo de aprendizaje, esa zona de aprendizaje se convierte en nuestra nueva zona de confort. Igual que en el gimnasio, solo progresas cuando te retas, cuando te empujas un poco más allá de lo que sueles hacer. Es una situación en la que podemos observar claramente la relación entre el fallo y el progreso. **El reto nos hace más fuertes**. Total, tu zona de confort siempre va a estar ahí cuando la necesites.

Expandir nuestra zona de confort nos familiariza con el fallo, el cambio y la ambigüedad, construyendo nuestra resiliencia o, incluso, nuestra antifragilidad. El matemático y ensayista Nassim Taleb crea el concepto de sistemas «antifrágiles», refiriéndose a aquellos que crecen al estar expuestos a un grado de adversidad, como la inteligencia, el sistema inmune o los músculos. Mientras que un sistema resiliente se mantiene estable ante la adversidad, lo antifrágil crece con ella. Todo esto, dentro de un nivel no extremo de estrés y adversidad, todo en su medida. «Lo antifrágil ama el azar y la incertidumbre, lo que básicamente significa un amor por los errores, cierta clase de errores» (23). Por eso, cuando nos intentamos proteger a nosotros mismos del fracaso (evitando retos o engañándonos a nosotros mismos), impedimos el crecimiento.

Salir de nuestra zona de confort conlleva la búsqueda de la antifragilidad o, al menos, de la resiliencia. Siento que cada fallo tiene un aprendizaje y algo que nos podemos llevar de él, pero cuando no podamos ser antifrágiles y crecer del fracaso, por lo menos podemos ser resilientes y convivir con él. Vivir y trabajar por lo que nos importa, no porque sepamos que no vamos a fallar, sino porque somos conscientes de que el miedo al fallo no nos va a parar.

TU TURNO:

Rellena este diagrama con tu zona de confort y tu zona de desarrollo. En tu zona de confort, menciona las actividades de tu día a día con las que estés cómodo. En tu zona de desarrollo, piensa en al menos cinco cosas que te parecen desafiantes o incómodas, pero de las que podrías aprender: compartir tu arte, hablar con un desconocido, probar un nuevo deporte o pasatiempo...

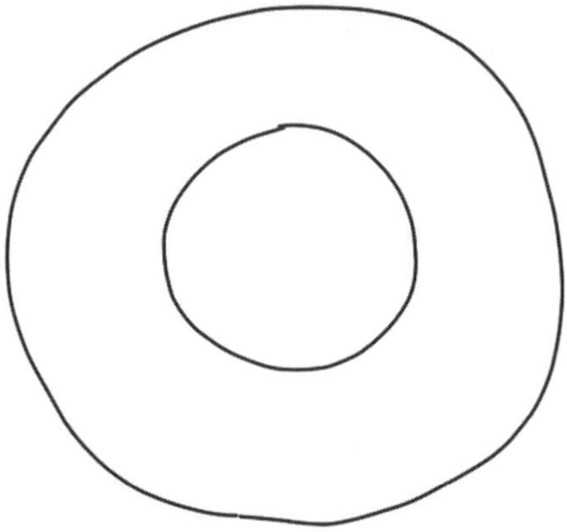

Piensa en tres ocasiones de tu vida en las que hayas hecho algo fuera de tu zona de confort, desde empezar a estudiar o mudarte a un nuevo lugar. Anota qué sentimientos te provoca evocar esa experiencia ahora y reflexiona sobre lo que te ha aportado.

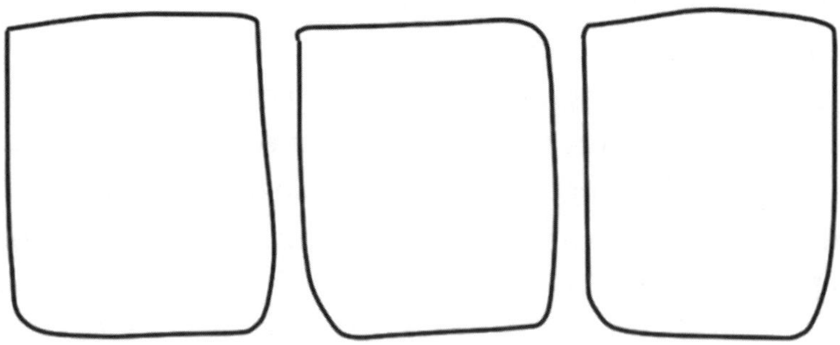

Siempre aprendiendo

A nadie le gusta fallar, pero, como hemos visto, todos lo hacemos. Especialmente si probamos cosas nuevas o nos arriesgamos por lo que nos importa. Fallar es desagradable y puede que tu impulso natural sea evitar ese sentimiento y pensar en las cosas que han ido mal. Sin embargo, conseguir aprender del fracaso es un proceso clave para crecer gracias a la adversidad. Aprovechar las cosas que van mal para transformarnos.

¿Cómo podemos aprender del fracaso?

1. **Aceptar las cosas que van mal.** Date tiempo y espacio para sentir tus emociones. Reconoce tus fracasos porque no te definen. Si algo va mal no significa que vivas una mala vida. Simplemente es algo malo que ha ocurrido en tu buena vida.

2. **Separar aquello dentro y fuera de tu responsabilidad.** No te puedes culpabilizar por cosas fuera de tu control (eventos negativos, sentimientos ajenos…), pero puedes identificar todo lo que estaba o está en tu control y aprender de ello. Aceptar tu parte de responsabilidad con honestidad. El objetivo de esto no es llegar a un nivel de autoexigencia altísimo para evitar el fracaso a toda costa. Las cosas pueden ir mal, aunque hagas todo lo que está en tu mano para evitarlo. El objetivo es identificar cómo te gustaría vivir tus próximos proyectos, relaciones o ideas, aun sabiendo que pueden fallar por miles de factores externos a ti. Por ejemplo, piensa en por qué falló tu última relación. Ver qué causas forman parte de ti (ej.: mala comunicación) y cuáles no (ej.: incompatibilidad) puede aportarte una visión más completa y ayu-

darte a tener una relación con mejor comunicación y expectativas más claras en el futuro.

3. **Encontrar aprendizajes.** Todas las cosas que te pasan pueden enseñarte algo que no sabías. Con un poco de tiempo y distancia emocional, podemos incluso liberar el fallo de grandes emociones y simplemente empezar a ver cada fracaso como un aprendizaje. Muchas veces incluso cometerás los mismos errores hasta que consigas aprender de esa situación y encontrar una nueva forma de reaccionar a ella. Esto es un proceso subjetivo, así que ten cuidado con las conclusiones a las que llegas y siempre considera varias opciones. Por ejemplo, si suspendes un examen, te puedes llevar varias lecciones: el curso está fuera de tus capacidades, necesitas replantear tus hábitos de estudio, requieres centrarte en tus motivaciones para reconstruir tu interés en la asignatura... Estos aprendizajes distintos te pueden llevar a distintos planes de acción.

Nota a mí misma:
Estoy orgullosa de tus fallos. Si fallas, estás creciendo, y eres muy valiente por ello.

TU TURNO:

Piensa en un fracaso que hayas experimentado recientemente o en el pasado: un negocio que no fue bien, relaciones o amistades que no funcionaron, una mala elección de carrera... Ahora, analiza los factores que contribuyeron a ello y crea dos listas separando las cosas dentro y fuera de tu control.

Mi hábito: ______________________________

DENTRO DE MI CONTROL:	FUERA DE MI CONTROL:

¿Qué aprendizajes o conocimientos te llevas de esa experiencia? Basándote en ellos, desarrolla un plan de acción sobre cómo te gustaría abordar situaciones similares en el futuro.

____

____

____

____

____

CELIA:

«Hace tres años empecé a sacar adelante un proyecto de serie de ficción con unos amigos, y al final no resultó como esperábamos. Trabajamos muy duro durante dos años y medio, pero no fue suficiente. Ninguna productora quiso comprar la serie, y hoy en día el proyecto se ha quedado aparcado. A ojos de todo el mundo el proyecto fracasó porque no conseguimos nuestro objetivo principal. Sin embargo, con el tiempo me he dado cuenta de que fracasar hubiera sido no intentarlo hasta el final. Lo que me llevo de toda esa experiencia es la resiliencia que gané durante todo el proceso, que fue muy duro. Estoy muy orgullosa de cómo gestioné el proceso y creo que el aprendizaje era lo fundamental que me tenía que llevar de esa experiencia».

Oliver Burkeman escribe que «[...] la mayoría de nosotros invierte, de un modo u otro, una gran cantidad de energía en evitar experimentar de forma plena la realidad que nos rodea. Huimos de la ansiedad que podría invadirnos si nos preguntáramos si vamos por el buen camino o qué ideas sobre nosotros mismos ha llegado el momento de dejar atrás. No queremos correr el riesgo de que una relación nos haga daño o de tener un fracaso profesional [...]» (24). Queremos evitar estas emociones incómodas, pero todas ellas forman una parte natural de nuestra vida, las experimentaremos ahora y también lo haremos en el futuro. Espero que en este capítulo las hayas podido tener más presentes. Podemos convertir las malas rachas y bloqueos mentales en impulsores del cambio.

RESUMEN

- La adaptación hedónica ocurre al acostumbrarnos a las grandes emociones creadas por cambios en nuestra vida, todas ellas son temporales, por lo que no podemos esperar a que un único evento nos haga felices.
- Todo el mundo pasa por malas rachas, esos sentimientos nos pueden guiar hacia lo que tenemos que hacer para aliviar nuestras preocupaciones con la técnica del diagrama.
- La inspiración es inestable, pero podemos crear sistemas para actuar sin ella y así invitarla de vuelta. También podemos buscarla en una mezcla de todo lo que nos rodea, en nuevas disciplinas y en la calma de la desconexión.
- El fallo es inevitable, pero es posible convertirnos en personas antifrágiles que crecen en la adversidad. Para ello, es importante identificar las cosas bajo nuestro control para aprender con el tiempo.

Primero creamos nuestros hábitos, y luego nuestros hábitos nos crean a nosotros.

J. Dryden

TUS RUTINAS

Construir hábitos está en nuestra naturaleza. Se estima que alrededor de un 40 por ciento de nuestros comportamientos ocurren casi todos los días y en la misma ubicación (1). Esto es algo de lo más útil. ¡Imagina cómo sería tener que reflexionar sobre cada acción de nuestro día! ¿Debería lavarme los dientes ahora o luego? ¿En el lavabo o quizá en el fregadero? ¿Qué ruta tomo hoy para ir al trabajo? Las rutinas son geniales, liberan todo ese espacio mental para poder dedicar nuestros pensamientos a cosas más importantes.

De esta forma, una gran parte de lo que hacemos ha sido influenciado por todo lo que hemos hecho anteriormente. Por los hábitos que hemos ido construyendo a lo largo de los años. Esto son buenas noticias: puedes conseguir que las cosas que ahora te cuestan un poco hacer acaben formando parte de tu rutina en el futuro y sean mucho más fáciles. Moverse regularmente, construir relaciones saludables, tener un buen horario de sueño... Esto es algo natural para muchos. En este capítulo, quería explorar la ciencia de las rutinas y los hábitos, tanto a la hora de solidificar esos hábitos que queremos construir como de dejar ir hábitos que no nos suman de una vez por todas.

ENTENDER EL HÁBITO

Una de mis clases de la ciencia del comportamiento la impartió el investigador Benjamin Gardner. Su trabajo se centra en entender el concepto del hábito y cómo este puede ayudarnos a explicar y a cambiar nuestro comportamiento. Disfruté tanto de esa clase que querría compartir algunas de las cosas que aprendí para ayudarte a implementar estos descubrimientos en tu vida. Para aprender a cambiar nuestros hábitos, primero debemos entender el concepto, qué son y cómo se forman.

EL HÁBITO COMO ASOCIACIÓN

El modo en que se define un hábito en psicología es un poco distinto del uso que solemos hacer de esta palabra en nuestro día a día. Ahora te cuento el porqué. Nuestra tendencia natural es definir un hábito como un comportamiento que repetimos en un contexto específico. Por ejemplo: «Hacer yoga es un buen hábito». Sin embargo, esta definición conlleva un problema. Si un hábito es un comportamiento, no podemos decir que este sea la causa de dicho comportamiento. Sería como decir que el comportamiento es la causa de sí mismo, y el estudio del hábito no serviría para nada. Por eso, (en psicología) **un hábito no es una acción, sino un proceso psicológico, una asociación entre una situación y una acción**. Gardner define un hábito como un proceso donde un estímulo impulsa un comportamiento de acuerdo con una asociación previamente aprendida (2).

HÁBITO ≠ ACCIÓN

HÁBITO = ASOCIACIÓN

contexto → acción

El hábito cuenta con dos características clave: la automaticidad y la dependencia de un contexto.

La automaticidad

Conforme repetimos una acción en un contexto específico, se vuelve cada vez más automática. Por ejemplo, quizá hayas repetido tanto la acción de ir al baño en cuanto te levantas de la cama que ahora la hagas casi sin pensar. O quizá alguna vez hayas salido de casa un poco distraído yendo a un sitio nuevo y de repente hayas empezado a andar en la dirección que sueles llevar cuando vas cada día a tu trabajo. Estos son algunos comportamientos que solemos automatizar.

Por eso, un hábito no es algo binario que simplemente tengas o no tengas en tu vida, sino que varía en términos de su adherencia. Y es que la idea de que los hábitos son binarios es esperanzadora pero incorrecta. Porque que lleves un hábito en estos momentos de forma consistente, no significa que automáticamente lo vayas a hacer cuando varíen las circunstancias de tu vida. Mantener hábitos conlleva una intención activa. La buena noticia es que esta automaticidad hace que comportamientos como practicar yoga o salir a correr sean más fáciles de llevar a cabo a medida que los practicamos y se hacen más automáticos. Cuanto más practicas el hábito, más fuerte se hace.

De esta forma, una acción habitual es una acción automática que llevas a cabo casi sin pensar. Por eso a veces también es difícil romper nuestros malos hábitos, porque son cosas que hemos acabado automatizando. Esto no significa que estés a merced de tus malos hábitos y no tengas ningún control sobre ellos. Simplemente, evidencia la necesidad de cultivar consciencia al intentar romper hábitos para que nuestras buenas intenciones sean más fuertes que esta automaticidad.

La dependencia de un contexto

El hábito se forma al hacer una acción repetidamente en un mismo contexto o situación. Sin ese contexto, el hábito solo es un comportamiento. Por eso, la misma acción puede hacerse de forma habitual en algunas situaciones (ej.: hacer yoga en tu clase regular los miércoles a las ocho de la mañana) y de forma no habitual en otras (ej.: hacer yoga en la playa por primera vez). En la siguiente sección, hablaremos más en profundidad sobre este contexto y sus distintos tipos.

TU TURNO:

¿Qué rutinas de tu vida te hacen feliz? ¿Has construido un nuevo hábito en los últimos años? ¿Qué te ha ayudado a hacerlo?

____

____

____

____

____

____

____

____

____

____

DESENCADENANTES

Los desencadenantes son estímulos que activan acciones automáticas asociadas con ellos. Estos actúan como un disparador que inicia el ciclo de hábito, impulsándonos a actuar. Charles Duhigg (3) describe el proceso de formación de hábitos en tres etapas: el desencadenante, la rutina y la recompensa. Cuando nos encontramos con un desencadenante (ej.: recibir una notificación), este activa la rutina asociada con él (ej.: revisar el móvil y ponerse al día en redes sociales) y recibimos una recompensa (ej.: sentirse entretenido) que refuerza esta conexión.

Duhigg (2012)

DESENCADENANTE	HÁBITO
Esperar el tren.	Mirar el móvil.
Estar en una terraza con amigos.	Fumar.
Estar en la ducha.	Lavarte la cara.

Pensar en los distintos tipos de desencadenantes que existen puede ayudarte a aprender sobre la estructura de tus hábitos actuales y a cómo crear uno nuevo. Estos son los más comunes:

- **Momento:** tu alarma suena a las siete, trabajas de lunes a viernes, vas a clase de pilates los sábados a las diez... Cada cosa ocurre en su momento, y nos acostumbramos a hacerla entonces. Al vivir con compromisos y responsabilidades, una parte de nuestros hábitos ocurren en torno a un horario, y este forma nuestra rutina. Siento que las personas más estructuradas, con horarios de trabajo consistentes, acaban formando hábitos más fuertes en torno al tiempo. Si (como yo) trabajas sin horario fijo, tus desencadenantes de este tipo probablemente sean más débiles.

- **Estado emocional:** las emociones que sentimos son desencadenantes muy poderosos. Conforme vivimos, desarrollamos formas de lidiar con nuestras emociones: poner algo en la tele cuando estás aburrido, evitar el trabajo cuando estás agobiado o llamar a tu ex cuando estás triste. Lo que haces cuando te sientes cansado probablemente sea muy distinto de lo que haces cuando estás motivado. Cada persona desarrolla hábitos emocionales distintos, pero quizá llegue un punto en el que tus hábitos pasados ya no te sirvan. Una de las habilidades más importantes es aprender a lidiar con tus emociones de forma adaptativa. Es decir, crear nuevos hábitos desencadenados por tus emociones. Por ejemplo, hacer frente al enfado saliendo a correr, escribiendo o respirando en vez de gritándoles a los demás. Los desencadenantes emocionales pueden ser todo un reto. ¡Muchas veces ni si quiera somos conscientes de lo que sentimos! Pero ser consciente de ello de forma retrospectiva y entender su proceso nos prepara para construir nuevos hábitos emocionales en el futuro.

- **Ubicación:** nuestro ambiente afecta lo que hacemos, aunque no seamos conscientes de ello. Si estás en un lugar familiar, probablemente tengas una variedad de hábitos asociados con él: dejar el bolso en el recibidor al llegar en casa o abrir la nevera en cuanto entras a la cocina. Esto nos ayuda a movernos por nuestros lugares familiares sin tener que pensar mucho. Sabemos dónde estamos y lo que hacemos ahí. Todo cuesta un poco más en un lugar nuevo. Más allá de esto, formamos hábitos como reacción a lo que nos rodea. Es difícil formar el hábito de comer galletas de postre si no tienes galletas en casa. Es complicado crear arte cada día si tienes tus pinturas escondidas en el fondo del armario. Cuando mi madre hace un bizcocho, lo guarda dentro del horno en vez de en la encimera para no comérselo todo. Porque para que un desencadenante pueda desencadenar algo, tenemos que darnos cuenta de que está ahí.

- **Evento:** además de reaccionar a los estímulos que nos rodean, respondemos a todo lo que ocurre a nuestro alrededor. Si nos llega un e-mail al correo, lo miramos; si suena el despertador, lo apagamos. Este evento desencadenante también puede ser otro de nuestros hábitos, como dar un paseo después de comer o irse a dormir después de hacer una meditación relajante.

- **Personas:** cuando vas a entrenar con tu hermana o sales de fiesta con tus amigos, creas rutinas asociadas a distintas personas. Se suele decir que las personas de las que te rodeas acaban determinando la persona en la que te conviertes. Así que ya sabes, presta atención a aquellas que tienes más cerca y a las que os unen.

TU TURNO:

Reflexiona sobre tus hábitos actuales y describe un hábito que tengas asociado con cada tipo distinto de desencadenante. Puedes seguir la estructura «comportamiento *cuando* desencadenante». Por ejemplo, para «Evento», puedes poner «Mirar el teléfono cuando suena una notificación» o para «Estado emocional», «Llamar a mi hermano cuando me siento perdido». Si quieres cambiar alguno de los hábitos que has descrito, añade debajo un hábito más adaptativo para lidiar con ese desencadenante.

EVENTO:	**UBICACIÓN:**
MOMENTO:	**ESTADO EMOCIONAL:**
PERSONAS:	

SE TARDA (MUCHO MÁS DE) VEINTIÚN DÍAS EN CONSTRUIR UN HÁBITO

Maxwell Maltz fue un cirujano plástico de los años cincuenta. En su práctica, observó que sus pacientes tardaban alrededor de veintiún días en acostumbrarse a su nueva apariencia después de operarse. También se dio cuenta de que tardaban unos veintiún días cada vez que se planteaban un nuevo cambio en su vida. En su libro *Psico Cibernética*, escribió que «se requiere de un mínimo de veintiún días para que una imagen mental establecida desaparezca y cuaje una nueva». La difusión de este libro popularizó la idea de que se tardan veintiún días en construir un nuevo hábito. Quizá hayas oído esta cifra antes. Sin embargo, hay muy poca evidencia científica para apoyarla.

Entonces ¿cuánto se tarda en construir un hábito? La investigadora Phillippa Lally se hizo esta pregunta, y ahora sabemos que este número de días varía mucho. En su estudio (4), un grupo de 96 personas se plantearon comenzar a construir un nuevo hábito saludable en sus vidas. Cada persona podía elegir el comportamiento que quisiese: tomarse una fruta a la hora de comer, beber un vaso de agua después del desayuno, hacer sentadillas antes de la cena... Aparte de medir la frecuencia con la que cumplían su rutina, también calcularon la automaticidad de esta acción para identificar en qué momento se convertía en una acción habitual. Los participantes tardaron entre 18 y 254 días en construir el hábito que habían elegido, con una media de 66 días. Como ves, mucho más de veintiún días.

La realidad es que construir hábitos duraderos suele llevar mucho más tiempo del que esperamos. Es importante ser conscientes de ello para manejar nuestras expectativas y perseverar. Así que no pienses que puedes cambiar tu vida en veintiún días ni te sientas mal si no lo consigues. Construir hábitos es un proceso a largo plazo, no un evento único al que llegas después de unas semanas. Es algo de lo que cuidas toda tu vida, en los momentos en los que te desconectas de lo que sabes que no te va bien, y te guías a ti mismo hacia el camino que quieres.

Como vemos en esta gráfica basada en Lally (2009), cada repetición construye un hábito un poco más fuerte. Al principio, esto nos ayuda a construir automaticidad y lo hace todo mucho más sencillo. ¡Cada repetición cuenta! Y saltarte un día tampoco lo estropea todo, apenas tiene efecto. **No hace falta ser perfecto, solo constante**.

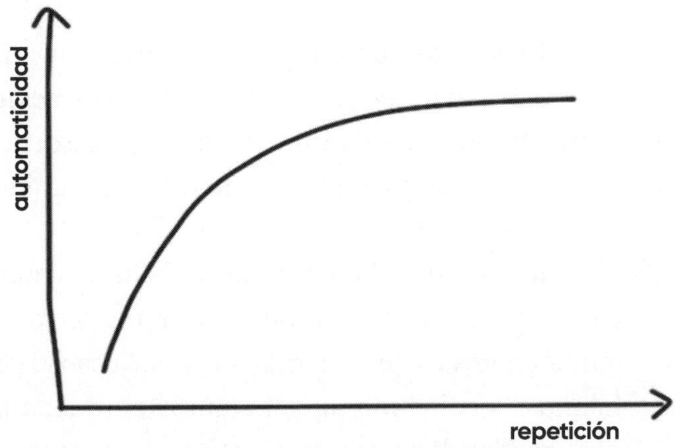

Como ves, el tiempo que se tarda en construir un hábito varía mucho, y aún no entendemos muy bien qué factores están implicados en este proceso ni cómo interactúan exactamente. Todavía queda mucho por descubrir. Por ahora, estos son algunos factores que tener en cuenta (luego hablaremos más en profundidad sobre cada uno de ellos):

1. **La recompensa de la acción:** cuanto más recompensable sea un comportamiento, más rápido se podrá convertir en un comportamiento habitual (5). Por eso las actividades con recompensas instantáneas como ver la tele o comer comida basura se automatizan mucho más rápido. Por desgracia, las acciones que nos recompensan a largo plazo, como hacer ejercicio, cuestan un poco más de automatizar, porque la recompensa no es inmediata. Puede que salir a correr y quedarnos sin aliento nos parezca muy poco recompensable, hecho que hace este hábito más difícil de construir.

2. **Factores individuales:** hay personas que simplemente tienden a preferir la rutina por naturaleza, haciendo que les sea más fácil construir hábitos (6). Además, todos tenemos unos gustos distintos que también influyen en ese

sentido de recompensa que obtenemos. Hay personas que disfrutan más de ir a clase de yoga o de cocinar o de beber alcohol, y esto influye en la rapidez con la que construyen habitualidad en estos comportamientos.

3. **El contexto:** como hemos visto, un hábito es una asociación entre un contexto o situación y una acción. Hay algunos contextos que son más útiles en la construcción de hábitos. Por ejemplo, aquellos que experimentamos con más regularidad (ej.: hacer X al llegar a casa después de trabajar o al despertarte). Luego hablaremos más de ello, pero construir hábitos alrededor de las actividades que ya hacemos en nuestro día a día es lo más efectivo.

TU TURNO:

Piensa en un hábito que quieras cambiar. ¿Cuándo empezaste a hacerlo? ¿Cómo ha ido evolucionando con el tiempo (se ha hecho más débil, ha vuelto...)?

DEJAR DE DEPENDER DE TUS INTENCIONES

Todos tenemos buenas intenciones. Queremos dejar atrás nuestros comportamientos tóxicos. Queremos por fin conseguir concentrarnos en nuestro trabajo. Queremos cuidarnos mejor y movernos más. Tenemos buenas intenciones, pero está demostrado que tener la intención de cambiar no es suficiente para hacerlo de forma consistente (7). Conforme nuestra motivación y circunstancias varían a lo largo de los días, semanas o meses, también lo hacen estas intenciones. Pueden ser suficiente al principio, pero no van a hacernos cambiar a la larga. Como las intenciones no predicen el cambio, tenemos que aprender a ir más allá. Tenemos que hacer de ese cambio algo habitual.

Últimamente he estado aprendiendo a dejar de depender de la motivación, siento que está idealizada. No podemos basarnos en ella para vivir la vida que queremos vivir, porque no es consistente. No podemos estar esperando a que llegue para enfocarnos en el trabajo o hacer ejercicio diario. Que venga y nos salve. Aunque podemos hacer todo lo posible para ayudarla a llegar, lo normal es que fluctúe a lo largo de los días, y yo no quiero dejar que mi vida y las cosas que me importan fluctúen con ella. Por esa razón, me apasiona la construcción de hábitos, lo considero la única forma confiable de hacer las cosas que queremos hacer consistentemente. **Cuando convertimos un comportamiento en algo habitual, dejamos de depender de la motivación y de nuestras intenciones**.

Los hábitos regulan nuestro comportamiento en situaciones familiares

David Neal y su equipo estaban interesados en ver hasta qué punto los hábitos pueden mantener a las personas haciendo cosas más allá de su motivación. Investigaron un hábito común: comer palomitas en el cine (8). Querían saber si la automaticidad de este hábito llevaría a las personas a comer palomitas malas, hechas siete días antes. Para ello, pusieron a un grupo de personas en el cine, algunos con palomitas buenas y otros con palomitas malas. Luego, midieron la cantidad que había comido cada persona, y les preguntaron sobre si comían palomitas habitualmente. Descubrieron que las personas que estaban muy acostumbradas a comer palomitas en el cine acababan comiendo la misma cantidad de palomitas, estuvieran buenas o malas. Aunque fueran conscientes de que no les gustaban, tenían menos capacidad de evitarlas porque comían automáticamente. En cualquier otro contexto que no fuera un cine, estas personas evitaban las palomitas desagradables, mostrando la especificidad de su hábito.

Aunque comer palomitas sea un ejemplo específico, este y otros estudios nos muestran que tener un hábito fuerte es capaz de regular nuestro comportamiento, con independencia de nuestra motivación e intenciones. Por eso, a veces parece que estemos estancados en nuestros hábitos e impulsos de siempre. Contamos con rutinas que regulan nuestro comportamiento en muchos de los contextos de nuestro día a día, y esto hace que cambiar suponga un reto, nuestros hábitos hacen que sigamos en situaciones que ya no nos aportan.

La buena noticia es que pasa lo mismo tanto con nuestros «buenos» hábitos como con los «malos». Una vez que trabajamos por construir buenos hábitos en nuestra vida, acabamos llevándolos a cabo incluso en los momentos en los que ya no estamos motivados. Lo más normal es que algunos días no estés motivado para prepararte por la mañana y salir a trabajar, o para ir a clase de yoga. Pero si has construido esos hábitos, vas a levantarte y simplemente lo harás porque es lo que siempre haces a esa hora.

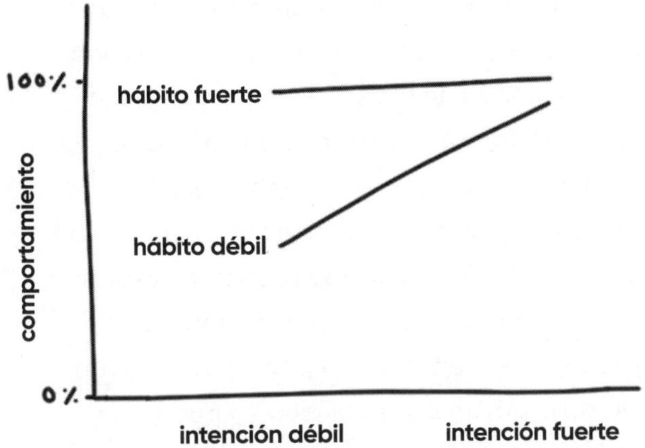

Esta gráfica adaptada de Gardner (9) muestra la misma idea: el hábito modera la relación entre nuestras intenciones y nuestro comportamiento. Por ejemplo, en este estudio se centraron en los hábitos de transporte de los estudiantes. Algunas personas solían ir a la universidad en coche, otras en transporte público o bicicleta. Lo interesante es que las personas que tenían un hábito fuerte de ir en coche eran firmes con ello independientemente de sus intenciones. Aunque dijeran que esa semana querían ir un par de días en bici, acababan no haciéndolo. Las intenciones solo predecían el comportamiento de las personas con hábitos de transporte débiles.

Nuestras intenciones varían dependiendo de nuestra motivación y nuestros planes. Basándonos en los datos anteriores, podemos decir que un hábito fuerte promueve un comportamiento (positivo o negativo) independientemente de nuestras intenciones. De esta manera, **formar hábitos positivos hace que dejes de depender de tus intenciones para ser la persona que quieres ser**. Los días en los que no estés motivado o las condiciones no sean las ideales, un hábito hará que hacer las cosas que quieres sea un poco más fácil.

IRENE:

«Las rutinas o rituales hacen que mis días tengan sentido. Me gusta hacer muchas cosas, cambiar de sitios, conocer gente nueva, viajar, hacer planes distintos, probar hábitos nuevos, etcétera. Pero para poder hacer todo eso necesito mis rutinas y rituales. Son los que me traen calma y estabilidad en el caos. Ambas cosas me gustan, pero en equilibrio. Las rutinas de mañana y de noche me ayudan a compensar el otro lado de la balanza. Se basan mucho en pequeños actos como leer, hacerme el *skincare,* meditar o hacer yoga, pero, por pequeños y simples que sean, hacen que sienta que todo está bien mientras las hago».

En este apartado, hemos aprendido sobre a qué nos referimos exactamente cuando hablamos de un hábito y los distintos elementos que influyen en él. Los hábitos nos ayudan a ser consistentes con las cosas que queremos hacer incluso cuando no estamos motivados, pero también pueden hacer que sea difícil actuar de acuerdo con nuevas intenciones. En las siguientes secciones exploraremos distintas técnicas tanto para romper como para construir hábitos en nuestra vida.

Antes de empezar, tenía curiosidad por saber más sobre los hábitos de la gente a mi alrededor. Así que pregunté a mis amigos y familiares sobre los hábitos que estaban intentando romper y construir. Estas son algu-

nas ideas basadas en las respuestas que recibí. Como ves, cada persona tiene planes muy distintos sobre los hábitos que quiere llevar en su vida. Es importante saber que ninguno es bueno o malo en sí mismo, todo depende de si es adaptativo y apoya la vida que quieres vivir en este momento o en el futuro.

UN HÁBITO QUE QUIERAS ROMPER	UN HÁBITO QUE QUIERAS CONSTRUIR
La procrastinación.	Leer cada día.
Estar con el móvil antes de dormir.	Mantener una alimentación equilibrada.
Atracones.	Estudiar un idioma.
Autosabotaje.	Hacer yoga todos los días.
Hablarme mal a mí mismo.	Pasar tiempo de calidad conmigo.
Morderme las uñas.	Despertarme temprano.
Dejar todo para el último momento.	Journaling.
Dormirme tarde.	Tener un buen horario de sueño.
Comer cuando estoy ansiosa.	Hacer pilates desde casa.
Fumar.	Meditar.
Consumir muchas redes sociales.	Seguir una rutina de *skincare*.
Beber demasiado en situaciones sociales.	Organizar y limpiar mi entorno.
No hacer caso del despertador.	Salir de casa todos los días.
Llegar tarde.	Cocinar más seguido.
Escribirle a mi ex cuando me siento sola.	Planear bien mi tiempo.
Beber café.	Estirar por la noche.
Levantarme tarde.	Exposición solar diaria.
Consumir pornografía.	Ir al gimnasio tres veces a la semana.
Trabajar desde la cama.	Crear arte.
Comer sin hambre.	Movimiento consciente.

RESUMEN

- **Un hábito es una asociación entre un contexto y un comportamiento.**
- **Los desencadenantes son estímulos que impulsan nuestras acciones habituales y pueden ser de distinto tipo: un evento, una ubicación, un momento, un estado emocional o una persona.**
- **El tiempo que se tarda en construir un hábito varía mucho, pero suele estar alrededor de los 66 días de media.**
- **Los «buenos» hábitos nos ayudan a mantener comportamientos positivos incluso cuando no estamos motivados, pero los «malos» pueden evitar que actuemos de acuerdo con nuestras buenas intenciones.**

DEJAR UN HÁBITO

Antes de hablar sobre técnicas de construcción de hábitos, quería centrarme en ayudarte a dejar ir los malos hábitos. Tenemos un número limitado de horas al día, por lo que construir nuevos hábitos normalmente implica dejar otros atrás. De la misma forma, abandonar un hábito implica crear otros, una nueva forma de actuar en ese momento o situación. Es un proceso simultáneo.

A lo largo de esta sección, daré ejemplos de «malos» hábitos, pero quiero dejar claro que, como comentaba un poco más arriba, ningún hábito es bueno o malo en sí mismo. No tienes que sentirte culpable ni dejar de hacer nada que quieras seguir haciendo. He escogido ejemplos de comportamientos que algunas personas suelen querer reducir, como pasar mucho tiempo con el móvil o viendo la tele, fumar o comer en exceso. Esto no significa que tú personalmente tengas que hacerlo, todo depende de ti y de tus objetivos. Si a ti te suma y lo quieres mantener en tu vida, quizá no sea un mal hábito para ti.

En esta sección reflexionaremos sobre hábitos que no nos suman y queremos dejar ir, pero romper estos impulsos que llevamos años construyendo no es tarea fácil. Ya lo hemos visto, el proceso de cambio es largo, así que lo mejor es tomárselo con aceptación, paciencia y curiosidad. Aceptación de la persona que eres, porque eres válido y suficiente en este momento. Paciencia en el proceso, y curiosidad por la persona que puedes ser.

EL VALOR DE RECOMPENSA DE NUESTROS MALOS HÁBITOS

Igual te has dado cuenta de lo fácil que es construir un «mal» hábito o un hábito poco saludable. Es fácil pasar horas con el móvil y comer dulces a diario, o por lo menos más fácil que hacer ejercicio o estudiar un idioma. En el capítulo anterior, aprendimos que la recompensa de la acción es un factor clave que influye en la rapidez con la que construimos un hábito. Por eso, las acciones que nos proporcionan más placer instantáneo acaban haciéndose habituales más fácilmente (5). Cuando procrastinas, tomarte un descanso de tu trabajo te recompensa. Cuando comes para lidiar con el estrés, el sabor de la comida te recompensa.

Como podemos esperar, la gratificación instantánea de estos hábitos acaba teniendo costes a largo plazo: nuestra salud, el tiempo perdido o esa sensación de falta de sentido en nuestra vida. Esto no significa que el placer y la gratificación instantáneos no sean buenos o no tengan que estar en nuestra vida. Descansar, relajarnos y disfrutar resulta importante. Lo que pasa es que al automatizar y abusar de estos comportamientos, dejan de recompensarnos a largo plazo y empiezan a tener un impacto negativo en nuestra salud, relaciones o estado emocional. Esto sería lo que llamamos el coste del hábito. Por ejemplo, los costes de empezar el día con el móvil podrían ser: la pérdida de tiempo, los sentimientos negativos al compararnos con los demás en redes, la sensación de cansancio…, y como consecuencia global hacer que nos cueste más levantarnos. Cada hábito puede tener unos costes distintos, todo depende de ti y de la forma en la que te sientas limitado por tu hábito.

Una vez que has construido un hábito, los beneficios que obtienes de él dejan de ser tan importantes (5). Estar horas viendo series ya no te parece divertido y procrastinar es frustrante. Lo mismo que pasaba en el estudio en que la gente comía palomitas en el cine aunque estuvieran malas. Para entender tu hábito mejor, puedes encontrar de qué formas te aporta y de cuáles no.

TU TURNO:

Identifica un hábito que quieras dejar ir: escoge uno que te cueste y hazlo específico, desde procrastinar o fumar hasta pasar demasiado tiempo en redes. Luego, identifica la recompensa: ¿qué me impulsó a hacerlo? ¿Qué obtuve o pensé que obtendría de este hábito?

Considera los costes: ¿cómo afecta este hábito a mi salud física o emocional? ¿Qué impacto tiene en mis relaciones personales o en mi rendimiento académico o laboral? ¿Cómo influye en mis metas y objetivos a largo plazo?

____

____

____

____

____

Ahora, considera las recompensas y los costes de cambiar y romper ese hábito. ¿Qué retos te vas a encontrar? ¿Cuáles serían los beneficios del cambio?

____

____

____

____

____

ES MÁS FÁCIL SUSTITUIR HÁBITOS CON RECOMPENSAS SIMILARES

Hemos hablado de hábitos que «no nos suman», pero ¿hay hábitos que realmente no nos sumen? Algo que tener en cuenta a la hora de intentar cambiar nuestros malos hábitos por otros mejores es la recompensa que obtenemos de ellos. ¿Por qué empezaste con esa rutina? Casi siempre, las primeras veces que hacemos algo anticipamos que esa acción nos va a aportar algún tipo de recompensa. Desde la validación social de empezar a fumar o el descanso de procrastinar o la atención intermitente de una relación tóxica. Incluso nuestros hábitos más destructivos nos aportan o nos aportaban algo.

Esta recompensa es lo que ha ayudado a consolidar tus hábitos en un principio, y es importante tenerla en cuenta cuando lo dejamos ir. Queremos construir una vida más satisfactoria, pero aquello que nos satisface a largo plazo no es lo que nos recompensa en estos momentos. El problema es que intentamos sustituir un hábito por otro que no nos gratifica de la misma forma.

Pongamos el ejemplo del hábito de distraerte en el trabajo con las redes sociales. ¿Qué es lo que te aporta? ¿Qué es lo que te falta cuando dejas de hacerlo? Puede que te ayude a escapar de un trabajo que no te gusta o a sentirte conectado con los demás o bien informado. **Si quieres sustituir ese comportamiento, lo mejor sería encontrar otro que te recompense de forma similar**. Si lo que te aportan las redes es poder estar al día y no perderte nada de lo que hacen tus amigos, puedes satisfacer esa necesidad planeando una cita con ellos al salir del trabajo. Si lo que te aportan las redes es descansar de tu trabajo, puedes plantearte distintas formas de hacerlo: poner un temporizador y mirar el móvil solo cada hora o dar un paseo en tu pausa en su lugar. De esta forma, vemos que el mismo comportamiento (estar en redes sociales en el trabajo) puede relacionarse con recompensas muy distintas (conexión, información, descanso...). **Entender las motivaciones y las recompensas detrás de nuestros comportamientos nos ayuda a comprender por qué ocurren y cómo podemos cambiarlos**.

Imagínate que pasas cada tarde viendo la tele y comiendo helado. Sustituir este hábito con el de hacer pilates directamente va a ser un poco complicado. Igual puedes hacerlo más fácil construyendo el hábito de ver la tele y comer fruta, acercándote un poco más a la vida saludable que quieres llevar. Ver la tele y comer fruta te aporta una recompensa más similar al hábito de ver la tele y comer helado. ¡Seamos conscientes de todo lo que nos aportan los malos hábitos! Es un gran paso para empezar a entender por qué hacemos lo que hacemos, y así poder cambiarlo si queremos.

TU TURNO:

Siguiendo el ejemplo, rellena esta tabla con algunos comportamientos o hábitos que te gustaría cambiar. Anota la recompensa o satisfacción que obtienes al llevar a cabo ese comportamiento. Para cada hábito, piensa en alternativas que te brinden una recompensa similar, pero de manera más positiva o saludable.

HÁBITO	RECOMPENSAS	COMPORTAMIENTOS ALTERNATIVOS

CREAR MODERACIÓN ROMPIENDO MINIHÁBITOS

La mayoría de las veces, crear una vida con más bienestar no implica dejar de hacer algo completamente, sino hacerlo de forma más equilibrada: consumir menos refrescos o comida basura, pasar menos rato viendo la tele o siendo inactivo, etcétera. ¿Te imaginas la vida sin las redes sociales? ¿O sin volver a comer dulces? Es una preferencia personal, pero para la mayoría de gente no es así, y no hay nada de malo en ello. Hay un sentimiento en el mundo del crecimiento personal de que todo es o muy blanco o muy negro, de que si no llevas tus hábitos a la perfección estás haciendo algo mal, pero no es el caso para nada. Muchas veces, lo mejor para nuestra salud mental y física es crear moderación en vez de intentar dejar un hábito de lado completamente.*

Algo que descubrí recientemente es que **cada comportamiento suele estar asociado con un montón de minihábitos distintos**. Normalmente, cuando nos planteamos romper un hábito, pensamos en dejar de hacer o reducir un comportamiento. Por ejemplo: «Quiero dejar de pasar tanto tiempo en redes sociales». Siguiendo con este ejemplo, la realidad es que quizá no tengas un único hábito de redes, sino un montón de minihábitos que mantienen ese comportamiento: mirar el móvil al despertarte, mientras desayunas, al esperar al bus, en el trabajo... Romper el hábito de estar en redes sociales no implica acabar con un único hábito, sino quizá con decenas de ellos. Reflexionar sobre esto nos puede ayudar a entender por qué a veces es tan complicado dejar de hacer algo, sea fumar, mordernos las uñas o comer comida basura. No solo estamos intentando romper un hábito, sino un montón de ellos a la vez.

Pensar en toda esta multitud de minihábitos es útil a la hora de desarrollar más moderación en nuestros comportamientos. Tal vez no quieras (ni sea asequible) romper todos esos minihábitos. Si lo que quieres es crear moderación en tus comportamientos, encuentra los minihábitos específicos asociados con un com-

* Aunque hable de preferencias personales, hay situaciones en las que la abstinencia es mejor que la moderación, como puede ser en el caso del alcoholismo u otras adicciones. Debido a sus efectos físicos, una de las características de la adicción es esta falta de capacidad de regulación y de control.

portamiento que quieres reducir. Luego, puedes identificar aquellos que quieres mantener, y los que quieres romper.

Pensar en los minihábitos asociados con nuestros comportamientos nos ayuda a entenderlos y enfocarnos. Así, pasamos de un objetivo general («quiero hacer X menos») a uno claro («quiero hacer X en situación Y, pero no en situación Z»). Por ejemplo, yo quiero usar el móvil cuando estoy en un transporte público y cuando me relajo después de trabajar, pero no usarlo para procrastinar mientras trabajo ni al despertarme. Ahora ya puedes empezar a pensar de qué forma quieres crear equilibrio en tu vida.

TU TURNO:

Identifica tus minihábitos rellenando este diagrama con el comportamiento que quieras reducir (dentro del círculo) y todas las situaciones o desencadenantes con los que lo asocies. Intenta ser lo más específico posible e incluir todas las situaciones en las que puedas pensar, aunque no las experimentes a menudo. De todos estos minihábitos, rodea aquellos que quieras mantener.

CONSTRUIR CONSCIENCIA

En el capítulo anterior vimos cómo tus hábitos pueden regular tu comportamiento más allá de tus intenciones. Esto no significa que estés a merced de tus hábitos actuales, ni que nunca vayas a poder dejar tus malos hábitos. Si alguien te dice: «Te doy cien mil euros si no te muerdes las uñas hoy», probablemente seas capaz de estar atento todo el día y no mordértelas. Las intenciones fuertes pueden tener más poder que tus hábitos, siempre y cuando puedas construir el autocontrol suficiente para inhibir un mal hábito y elegir una acción alternativa. Construir consciencia sobre nuestros impulsos y estar atentos a ellos mejora nuestros procesos de control cognitivo (10).

Aunque claro, probablemente no tengas a alguien dispuesto a pagarte cien mil euros por dejar de morderte las uñas, una pena... En el día a día estamos distraídos, cansados o estresados, y no tenemos esas motivaciones tan fuertes. Por esto, podemos ayudarnos a generar este tipo de autocontrol construyendo consciencia sobre nuestros desencadenantes principales. De esta forma, aprendemos a anticipar en qué momentos debemos supervisar nuestros impulsos habituales más atentamente.

La razón por la que tenemos hábitos es porque son muy útiles. Imagina tener que deliberar cada mañana y tomar la decisión de dónde y cómo lavarte los dientes. O que cada día fuera como la primera vez que vas al trabajo, un poco perdido y sin mucha idea de lo que haces. Es útil automatizar nuestras rutinas porque esto nos permite dirigir nuestra atención a cosas más importantes. Pero por esta misma razón, dejamos de ser conscientes de las cosas que hacemos. Esta falta de consciencia hace que el cambio sea mucho más difícil.

A veces, simplemente hablar o escribir sobre el contexto de tus hábitos en profundidad es suficiente para entenderlos mejor. Esto puede hacer el cambio más fácil, construyendo consciencia sobre los desencadenantes específicos que causan un mal hábito. Así, podemos encontrar formas más adaptativas de reaccionar a él. A veces cuesta ser consciente del contexto que causa nuestros hábitos. Pon el ejemplo de irte a dormir. ¿Te vas a dormir porque son las once? ¿Porque estás cansado? ¿Porque tu familia se ha acostado? ¿Porque estás en la cama?

Como hemos visto antes, nuestros hábitos pueden estar asociados con distintos tipos de desencadenantes:

- Ubicación.
- Momento.
- Estado emocional.
- Personas.
- Evento predecesor.

Charles Duhigg, el autor de *El poder de los hábitos* (3), sugiere este ejercicio para ser más conscientes de por qué surgen nuestros malos hábitos. Consiste en responder estas preguntas cada vez que sientas el impulso de llevar a cabo tu hábito:

- ¿Dónde estás?
- ¿Qué hora es?
- ¿Cuál es tu estado emocional?
- ¿Quién más está contigo?
- ¿Qué acción precedió a la señal?

Rellenando esta información varias veces, puedes encontrar patrones en aquello que causa tu hábito. Por ejemplo, quizá estés intentando dejar de morderte las uñas y te des cuenta de que siempre lo haces cuando estás estresado. Ese sería tu desencadenante principal. Con este ejercicio, podemos construir consciencia sobre por qué hacemos lo que hacemos; podemos entendernos mejor y estar atentos en momentos específicos.

TU TURNO:

Las siguientes ocasiones que sientas el impulso de tu hábito, rellena una fila de esta tabla describiendo la ubicación, el momento, el estado emocional, las personas y el evento predecesor. Una vez que rellenes la tabla, busca regularidades en el contexto e intenta encontrar el desencadenante principal que causa tu hábito (puede que haya más de uno).

Mi hábito: ______________________________

	¿DÓNDE ESTÁS?	**¿QUÉ HORA ES?**	**¿CUÁL ES TU ESTADO EMOCIONAL?**	**¿QUIÉN MÁS ESTÁ CONTIGO?**	**¿QUÉ ACCIÓN PRECEDIÓ A LA SEÑAL?**
1.					
2.					
3.					
4.					

Mi desencadenante principal: ________________

GESTIONAR TUS DESENCADENANTES

Ahora que ya conoces el desencadenante principal del hábito que quieres romper, puedes centrarte en evitarlo, dificultando así entrar en el ciclo del hábito. Digamos que quieres dejar de pasar casi todo el fin de semana viendo la tele y ya has identificado tu desencadenante principal. Lo que pasa cada finde es que te preparas el desayuno para luego tomártelo en tu sofá (desencadenante), y al final te pones una serie y pasas horas ahí. Los próximos findes, puedes plantearte evitar tu desencadenante saliendo a desayunar a la cafetería de tu barrio. Igual te encuentras a tu vecina o te llevas un buen libro, y acabas pasando una mañana entretenida, ¡incluso sin ver la tele!

Pongamos que tu desencadenante principal es algo distinto. Te tumbas en el sofá a echarte la siesta después de comer y luego te quedas horas con la tele encendida. Gestionar este desencadenante consistiría en evitar echarte la siesta en tu sofá, sino en tu cama en su lugar. Así, impides estar en tu salón con la tentación de ponerte la tele mientras descansas.

Vemos que, dependiendo de cada persona, ¡un comportamiento puede estar causado por desencadenantes muy distintos! Aparte de encontrar alternativas para tu hábito como hemos hecho antes, puedes descubrirlas para tu desencadenante principal. Este es un método conocido como la discontinuación de exposición al desencadenante (11). No solo evita la acción habitual (desayunar en casa y ver demasiado la tele), sino que también presenta la oportunidad de construir una nueva (desayunar fuera y leer tu libro).

TU TURNO:

Haz una lista de diferentes alternativas para evitar tu desencadenante principal. Anota al menos cinco opciones que podrías probar la próxima vez que te enfrentes a la situación.

–

–

–

–

–

Ahora, crea un plan de acción para llevar a cabo el nuevo comportamiento que elijas, detallando exactamente cómo vas a evitar tu desencadenante principal.

____

____

____

____

____

HÁBITOS LATENTES

Imagina que quieres llevar una vida más sana y decides irte a un retiro de yoga para ayudarte a cambiar tu vida. De repente estás en un contexto nuevo con personas nuevas: te tratas genial, dejas de fumar y haces yoga todos los días. ¡Perfecto! Seguro que aprendes muchas cosas nuevas que luego puedes aplicar a tu día a día. Pero volver a casa puede ser un problema. Aunque hayas cambiado tu comportamiento unos días, puede que tus hábitos sigan ahí, simplemente están latentes en un contexto nuevo. Ya lo hemos visto: un hábito es una asociación entre contexto y acción, y este impulso puede seguir presente en tu vida cuando vuelvas a ese contexto habitual. Es lo que ocurre cuando las personas con adicciones se encuentran con el reto de mantener la abstinencia después de salir de un centro de rehabilitación. O si vives solo y vuelves unos días a casa de tus padres, quizá te des cuenta de que retomas viejos hábitos de cosas que hacías ahí antes.

Cambiar tus hábitos no solo consiste en modificar tu comportamiento. Muchas veces, tus impulsos naturales van a seguir ahí mucho tiempo. Si tiendes a procrastinar siempre o a usar la comida como distracción, vas a sentir ese impulso mucho tiempo. Son cosas que has hecho consistentemente a lo largo de tu vida, que no desaparecen así de fácil. Y no lo digo para desmotivarte, todo lo contrario. Quiero que sepas que es natural que ese impulso dure un tiempo, no hay nada malo contigo porque lo experimentes.

Cada persona cuenta con unos impulsos naturales por todas las cosas que ha hecho habitualmente en otras ocasiones. Lo más importante es tener paciencia y experimentar esos sentimientos de forma consciente, dedicarles tu presencia. Aprender a sentirlos, porque ese es el momento en que puedes cambiar. En un estudio (12), cuando las personas estaban forzadas a actuar rápidamente, solo pudieron inhibir su acción habitual un 30 por ciento de las veces. Por el contrario, cuando no estaban presionadas y tenían más tiempo para construir consciencia consiguieron inhibir su hábito un 70 por ciento de las veces. Así que es importante crear un ambiente en el que puedas parar para poder pensar en cómo sueles actuar y cómo te gustaría hacerlo a partir de ahora. Crear una pausa.

Cada vez que consigues inhibir o sustituir ese hábito, vas poco a poco volviéndolo más débil. Entonces, aparte de hacer tus retiros o viajes, está bien trabajar en cambiar tus hábitos en tu contexto habitual. Ese es el camino real hacia una vida con buenos hábitos. Lo que estamos buscando no es escapar de nuestros malos hábitos, sino aprender a dejarlos ir poco a poco.

PREPARAR EL FALLO

Fallar en tu construcción de hábitos es lo más habitual. Lo normal es no ser perfectamente consistente. Aunque a veces se sienta como que has vuelto a la primera casilla, fallar un día no es el fin del mundo. En 1890, William James predijo que la consistencia era esencial en la formación de hábitos, saltarse un día suponía volver a empezar el proceso (13). Ahora sabemos que no es así, fallar un día apenas afecta la construcción de automaticidad (4). Así que lo mejor es llevar estos «fallos» con aceptación y no dejar que influyan en tus percepciones de todo lo que has progresado hasta ahora.

El cambio resulta difícil y nadie es inmune al fallo ocasional. Puedes anticipar que vas a fallar y prepararte para ello. Prepararte para evitarlo o pensar en los pasos que puedes seguir si lo haces. Esto es una técnica llamada plan de afrontamiento (14), que consiste en anticipar dificultades y formar un plan concreto para lidiar con situaciones difíciles. Por ejemplo, las personas que siguen una dieta concreta pueden prepararse para enfrentarse a situaciones sociales como salidas a restaurantes. En mi caso, cuando empecé a ser vegetariana, me preparaba para las comidas familiares llevándome algo rico de casa, y así evitaba quedarme sin nada que comer.

Planear cómo vas a lidiar con situaciones complicadas (sea salidas con otros fumadores cuando estás dejando de fumar, o una tarde de bajón que sabes que te pone en riesgo de viciarte a las redes) va a ayudarte a conseguir cambiar a largo plazo. Puedes incluso planear las palabras concretas de cómo les quieres decir a tus amigos que has dejado de fumar o que no te inviten a esa copa de más la próxima vez que salgas.

Además de esto, también puedes planear cómo vas a lidiar con una recaída. No ser perfecto no significa que hayas fallado en tu objetivo de construir un hábito. Las personas más autoexigentes suelen estar dentro o fuera; y si fallas un día parece que estés fuera. Esto no debería ser el caso con los hábitos, porque todo lo que has hecho hasta ahora también cuenta. Perder un día no tiene por qué afectar el siguiente. No tiene por qué ser una excusa para dejarlo todo de lado, porque no empiezas por el principio, sino por el día anterior.

TU TURNO:

Piensa en las distintas situaciones en que podrías (o sueles) recaer en tu hábito y crea un plan para afrontar y lidiar con ellas. Puedes pensar en acciones para prepararte o en conversaciones con las que comunicar tus decisiones a amigos o familiares.

____

____

____

____

____

____

____

Describe cómo te prepararás para lidiar con una posible recaída en tu hábito. Escribe las cosas que puedes hacer para ayudarte a dejar ir cuando las cosas no vayan como planeas y a animarte a seguir adelante.

____

____

____

____

____

____

____

ENCONTRAR TU COMUNIDAD

Voy a compartirte dos testimonios y a continuación te explico un poco más este apartado que complementa perfectamente lo visto en el capítulo.

VITUS:

«Lo que más me ha ayudado a dejar de fumar es evitar rodearme de personas que fuman, mantener mis hábitos y pasatiempos y ser abierto sobre mi adicción. En mi experiencia, ninguna de las personas a mi alrededor me ha juzgado cuando le he dicho que tengo este problema; te entienden y quieren estar ahí para ayudarte. Mi familia y mis amigos me han apoyado mucho, y han sido una gran ayuda para mí».

CLAU:

«Yo que estoy pasando por una mala racha me he dado cuenta de que es importante aprender a comunicar cómo nos sentimos y no tener miedo a pedir ayuda. Muchas veces cuando estamos pasando por un mal momento sentimos que somos una carga para los demás, pero la verdad es que la gente que te quiere va a estar ahí para ti siempre. A veces no necesitamos consejos, simplemente queremos que alguien nos escuche. Creo que estamos en una era en la que se le da mucha importancia al individualismo, pero como seres sociales que somos, creo que es igual de importante socializar para desconectar, para tener otros puntos de vista o para sentirte apoyada y querida».

Muchas de las cosas que hacemos ocurren dentro de un contexto social. Una de las partes más bonitas de vivir es poder compartirlo. Compartir las cosas por las que estás pasando y darte cuenta de que nunca estás solo. Siempre hay personas pasando por lo mismo, y siempre hay personas que te pueden apoyar si las buscas.

Tu comunidad también tiene una gran influencia en tus hábitos. ¿Sabías que simplemente tener un amigo que fuma está relacionado con más probabilidades de fumar (15)? Es difícil romper el hábito de salir de fiesta todo el finde si es lo único que hacen tus amigos, si no cuentas con un contexto social que apoye otra forma de divertirse. Tampoco quiero decir que tengas que deshacerte de tus amigos, para nada. Estos pueden querer estar ahí para ti igualmente, aunque quieras hacer algo distinto. ¡Puede que incluso quieran hacer cosas distintas contigo! Pero está bien pensar en los hábitos que apoyan tus relaciones más cercanas.

¿Te gustaría convertirte en una mezcla de las personas de las que estás rodeado actualmente? Hay evidencia de que lo acabas haciendo (16). Por eso, todo se hace un poco más fácil cuando te rodeas de gente con una vida parecida a la que te gusta a ti. Muchas veces, encontrar una nueva comunidad se resume en ponerte a hacer las cosas que quieres hacer. Al explorar mis intereses, acabo encontrando personas con intereses parecidos a los míos. Por ejemplo, conocí a mi amiga Lily en una visita a la Tate Gallery, y a menudo salimos a ver museos juntas. Conocí a mi amigo Sava en un entrenamiento de *frisbee* en el parque, y hoy día seguimos quedando para hacer deporte al aire libre juntos. Encuentra lo que te interesa y tu comunidad te encontrará a ti.

TU TURNO:

Reflexiona sobre tu círculo de apoyo, aquellas personas que te ayudan en la vida o que simplemente están ahí para ti. Rellena este círculo con los nombres de las personas en tu círculo de apoyo, con las más cercanas a ti más cerca del centro. Así, puedes recordarte que no estás solo en todos esos momentos en los que te sientes así.

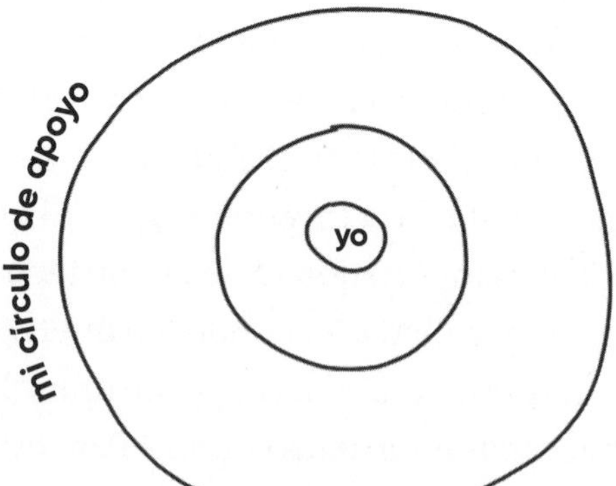

En este capítulo, hemos construido consciencia sobre nuestros «malos» hábitos, dónde y cómo hacemos lo que hacemos. Entender sus recompensas, pequeñas asociaciones y desencadenantes nos da el poder de cambiar. De encontrar una forma más adaptativa de responder al mundo. Mientras rompemos malos hábitos, podemos empezar a construir hábitos mejores en su lugar, es un proceso simultáneo. Vamos a ver cómo.

RESUMEN

- Para sustituir un hábito, lo mejor es encontrar un comportamiento que te recompense de forma similar.
- Cada comportamiento está asociado con un montón de minihábitos y podemos crear moderación centrándonos en minihábitos específicos que queramos romper.
- Construir consciencia sobre tu desencadenante principal puede ayudarte a saber cómo y cuándo evitarlo.
- Prepárate para lidiar con la recaída y haz un plan de acción para las situaciones difíciles.

CONSTRUIR UN HÁBITO

Si te dijera que tu vida va a consistir en una repetición de lo que has hecho hoy, ¿qué pensarías? ¿Te gusta la idea? A grandes rasgos, así es. Una gran parte de lo que hacemos es una repetición de nuestros hábitos anteriores (1). Yo soy de las que piensan que eres mucho más de lo que haces, pero aun así, nuestros hábitos son nuestra vida. ¡Es en lo que consiste! En todas esas pequeñas cosas que hacemos día a día, en las que casi ni pensamos. ¿Están alineadas con la vida que quieres?

La construcción de hábitos nuevos no es necesariamente fácil. Consiste en inhibir la forma familiar de vivir y reaccionar al mundo, la que te hace sentir seguro, y cambiarla por lo desconocido. Cambiar es incómodo. No hay un momento de tu vida en el que cambies para siempre y de repente te conviertas en la persona que quieres ser. Ser la persona que quieres ser es una elección diaria. Una elección en el presente, porque eso es todo lo que tienes. Aun así, la construcción de hábitos hace que, cada día, un comportamiento cueste un poco menos. Cada vez que lo haces lo conviertes en algo más fácil y automático para tu yo del futuro. Así que, si quieres hacer algo cada día por construir hábitos que te gusten y apoyen, vamos a ver cómo lograrlo.

PRIORIZAR EL DISFRUTE

¿Por qué nos cuesta tanto resistir la tentación de nuestros comportamientos habituales? De comer palomitas cuando vamos al cine o de estar con el móvil en vez de leer por la noche. A veces, la respuesta es más sencilla de lo que parece. ¡Son cosas de las que disfrutamos! Los beneficios de los buenos hábitos suelen ocurrir en el futuro: mejor salud, mejores relaciones, más estabilidad económica... Pero llegar hasta ahí supone un coste, invertir el esfuerzo diario de movernos, de comer bien o de decir que no. Aunque queramos cosas distintas para nuestro yo del futuro, solemos ser más sensibles a las recompensas del presente que del futuro. Esto es algo conocido como el sesgo del presente, una forma natural de pensar que a veces nos impide trabajar por nuestro futuro.

Por eso, aunque realmente queramos cumplir nuestros objetivos a largo plazo, va a ser muy difícil ser consistentes con algo que no nos gusta hacer y que no nos parece recompensable a corto plazo. Aunque deseemos conseguir esa recompensa a largo plazo: perder peso, sacar buenas notas, abrir nuestra empresa…, **si los hábitos que elegimos construir para llegar a ese objetivo no nos parecen intrínsecamente agradables, no vamos a conseguir mantenerlos en el tiempo**.

Podemos aprovechar el sesgo del presente priorizando el disfrute de nuestros buenos hábitos. Un error típico es seguir el camino que parece más efectivo (ej.: hacer ejercicio intenso para conseguir perder peso), sin pararse a considerar el camino más recompensable (ej.: ir a clase de baile con tus amigas). Cada persona disfruta de unas cosas distintas. Por eso, no tienes por qué forzarte a hacer nada que no quieras hacer para conseguir tus objetivos, ni sentirte mal por seguir un camino distinto, porque el camino más «efectivo» no tiene por qué ser el que te ayude a ti. No vas a llegar al éxito copiando las cinco cosas que hace la gente exitosa antes de las ocho de la mañana, porque no sois iguales.

Aunque usemos métodos de motivación externa para ayudarnos a crear hábitos mejores, el objetivo siempre debería ser crear hábitos que nos parezcan recompensables de por sí y que a largo plazo puedan ser impulsados por nuestra motivación interna. Ahora que sabes esto, puedes intentar priorizar los comportamientos más recompensables en vez de los más efectivos. Estos crearán un hábito mucho más fuerte para ti (17).

TU TURNO:

Piensa en el objetivo final al que quieres llegar con tus nuevos hábitos. Esto puede ser algo sencillo como simplemente llevar una vida más activa o más complejo como los objetivos que desarrollaste en el primer capítulo. Ahora, piensa en distintas acciones que pueden ayudarte a llegar hasta este objetivo y categorízalas entre acciones recompensables y no recompensables. No hay una respuesta correcta, simplemente depende de lo que te guste a ti. Aunque una acción recompensable parezca menos efectiva, va a ser mucho más fácil hacer las cosas de las que disfrutas a largo plazo.

acciones recompensantes | **acciones no-recompensantes**

EMPAREJAR COMPORTAMIENTOS CON RECOMPENSAS

¿Tienes algún pódcast reservado para tus paseos? ¿Una cafetería favorita que te motiva a ponerte a trabajar? Hay cosas que nos cuestan un poco, no siempre vamos a estar motivados para limpiar la casa, estudiar o hacer ejercicio. Algo que hacemos naturalmente es emparejar las cosas que «tenemos» que hacer con actividades gratificantes que nos motivan más. Por ejemplo, no vas a evitar fregar tus platos simplemente porque no disfrutes de ello, pero puedes motivarte poniéndote esa canción que tanto te gusta mientras lo haces. Aunque inicialmente no disfrutemos de algo, sea salir a correr o responder nuestros e-mails, podemos utilizar el poder de las asociaciones positivas para que nos guste un poco más.

Esta idea ha sido desarrollada y estudiada por Katy Milkman. Ella y su equipo estaban buscando formas de hacer que la gente fuera más regularmente al gimnasio. Pensaban que, si conseguían enganchar a la gente que escuchaba un audiolibro en el gimnasio, irían mucho más a menudo. En su estudio, a algunas personas les confiscaron sus iPods, y solo podían tener acceso a su novela si estaban en el gimnasio. El resto de los participantes podían escuchar sus audiolibros cuando quisiesen. A lo largo de nueve semanas, emparejar el hábito de ir al gimnasio y escuchar el audiolibro resultó en un 51 por ciento más de visitas al gimnasio (18). Al engancharse a la historia, estas personas tenían aún más ganas de volver a hacer ejercicio para poder escuchar el siguiente capítulo.

Emparejar las cosas que queremos hacer con otras que tenemos que hacer nos puede ayudar de dos formas:

- Primero, hace que disfrutemos de más actividades gratificantes sin sentirnos culpables por dedicarles todo nuestro tiempo.

- Segundo, hace que necesitemos menos fuerza de voluntad para todas esas cosas que queremos hacer, pero nos cuestan un poco.

Este tipo de actividades se complementan entre ellas, y puedes aprovechar la motivación de una para ayudarte con la otra. Esto tampoco significa que tengas que dejar de hacer las cosas de las que disfrutas, para nada. El emparejamiento es simplemente una herramienta más que puedes usar para hacer tus hábitos más recompensables.

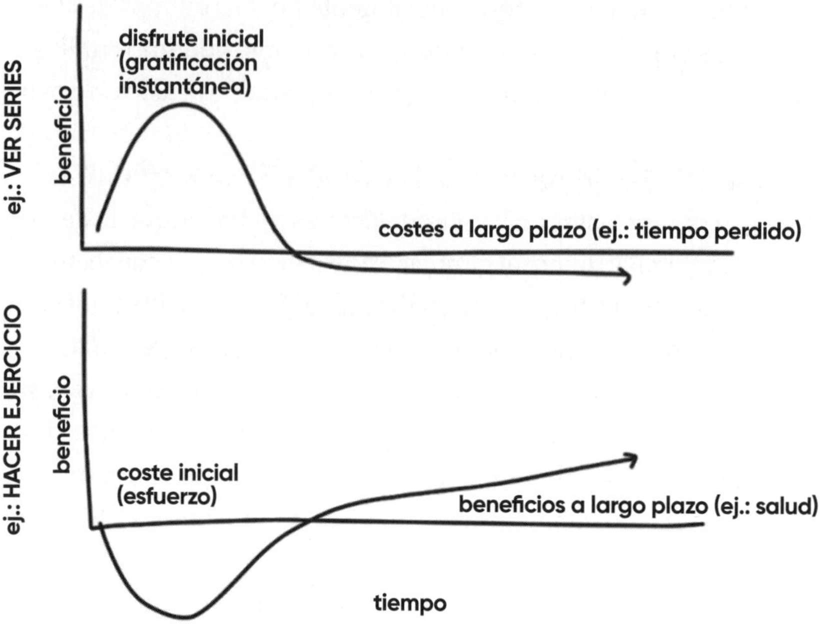

Como puedes imaginar, no puedes emparejar cualquier cosa. Muchas actividades, como escribir ensayos o trabajar, necesitan toda nuestra concentración. También es difícil emparejar actividades que requieren los mismos recursos como actividades cognitivas (ej.: escuchar un pódcast mientras estudias) o actividades físicas (ej.: comer tu snack favorito mientras sales a correr). Pero puedes intentar encontrar combinaciones entre actividades compatibles que funcionen para ti.

Quizá lo que te motive a sentarte en tu mesa y trabajar sea tomarte el primer café de la mañana. O tengas una lista de música reservada para tus sesiones de ejercicio. Recuerdo que, cuando estaba escribiendo mis ensayos finales para la carrera, siempre me llevaba algo para picar mientras trabajaba. Estas asociaciones positivas pueden hacer que nos cueste un poquito menos construir buenos hábitos. Reservar el disfrute de algo que te encanta para una actividad que te cuesta.

TU TURNO:

Haz una lista de pequeñas actividades que te encanten y que puedas llevar a cabo junto a los hábitos que quieras construir: tu comida favorita, un pódcast que te guste, una serie a la que estés enganchado... Luego, haz una lista de las actividades que tienes que (o quieres) hacer, pero que sueles procrastinar. Comparando estas dos listas, encuentra combinaciones compatibles entre las cosas que te encantan y las cosas que te cuestan. Puedes dibujar una línea para conectarlas.

COSAS QUE ME ENCANTAN	COSAS QUE ME CUESTAN

CONSTRUIR CONSISTENCIA

Ponértelo fácil

CLAU:

«Creo que el haber estado tantos meses con unos niveles de ansiedad tan altos me ha hecho darme cuenta de lo importante que es para mí cuidar de mi salud mental. Ya no me puedo permitir no hacer deporte, es un no negociable. Sí o sí tiene que formar parte de mi vida, así que he decidido que el yoga sea ese momento diario para cuidar de mi cuerpo y de mi mente. Aparte de este cambio de mentalidad, lo que me ha ayudado a empezar ha sido hacer un reto de treinta días porque me motiva y me hace querer tachar cada día del calendario sin fallar (yo lo que hago es que, si falto uno, vuelvo a empezar). También me he dado cuenta de que algo muy importante para implementar un nuevo hábito es ponerse las cosas fáciles, sino no las haces. Por eso yo con el reto del yoga lo que he hecho es hacer clases cortitas de veinte o treinta minutos y siempre por la mañana a primera hora, porque así me lo quito de encima. Me conozco demasiado y sé que si me lo dejo para la tarde no lo hago».

Cambiar nuestros hábitos puede parecer muy complicado, pero no tiene por qué ser así. Una de las cosas más importantes para realizar un cambio es hacerlo sostenible. Es decir, hacer algo tan fácil que no nos cueste prácticamente nada mantenerlo en el tiempo. Todos nos convertimos en personas ambiciosas cuando nos llega la motivación. La persona perfecta que queremos ser pasa horas en el gimnasio, siempre se concentra... Pero lo que genera el cambio no es intentar convertirte en esa persona perfecta de la noche a la mañana, sino la regularidad. Convertir ese comportamiento en una parte de tu vida consistente. Y poco a poco, mejorar.

Antes hemos aprendido que la automaticidad es una característica clave del hábito. Aunque solo hagas ejercicio durante cinco minutos al día, estás construyendo una base estable de automaticidad. Te estás convirtiendo en esa persona que hace ejercicio a diario, de la forma más fácil. ¡No hace falta complicarse la vida! Una vez que tienes esto y te sientes estable en tu minihábito, puedes incrementar su dificultad. Empezando pequeño, puedes conseguir grandes cambios.

TU TURNO:

Piensa en el hábito que estás intentando construir y escribe un par de versiones simplificadas de ese mismo hábito. Deben ser comportamientos pequeños y sencillos que puedas hacer en poco tiempo, de cinco a diez minutos.

HÁBITO	HÁBITO PEQUEÑO

Ahora piensa en cómo podrías incrementar la dificultad de tus pequeños hábitos para desafiarte un poco más. Puedes probar a incrementar la duración de tu hábito, realizar una versión más compleja... Algo que te acerque un poco más a la versión de tu hábito ideal, pero que aún sea sencillo de completar.

HÁBITO PEQUEÑO	SIGUIENTE PASO

La regla de los dos días

Una forma sencilla de no dejar que un mal día te desmotive es seguir la regla de los dos días. Esta regla es una guía mental donde te permites saltarte un día de tu hábito, pero nunca dos días seguidos. No hace falta dedicarle el mismo esfuerzo. No hace falta dedicarle el mismo tiempo. Solo mantener esa regularidad. Al final, la regla de los dos días es una regla arbitraria, no pasa nada si te saltas dos días. Aun así, es una forma más de comprometernos con nosotros mismos. De crear una guía mental que nos motive a ser consistentes, tanto para construir como para romper un hábito.

Pongamos que estás entrenando para una carrera e intentando salir a correr regularmente. Trasnochas el viernes y el sábado te saltas tu entrenamiento. No pasa nada, ¡forma parte del plan! Llega el domingo y te sigue sin apetecer, pero estás siguiendo la regla de los dos días y te has prometido no saltártelo. ¿Qué puedes hacer? Puedes correr veinte minutos en vez de treinta. Puedes simplemente correr diez minutos. Puedes alternar entre cinco minutos corriendo y cinco andando. El concepto es el mismo: mantener la regularidad de tu hábito.

Me encanta esta idea para todos esos hábitos que nos cuesta hacer consistentemente porque construye un tipo de disciplina abierta a la flexibilidad, sin necesidad de ser perfecto. Muchas veces, tenemos altas expectativas de nosotros mismos, de cómo queremos que se vean las cosas: largas sesiones de entrenamiento, sentarnos a trabajar con concentración e inspiración constante... Sin embargo, aspirar a esta perfección puede añadir barreras a la hora de ser consistente. Para mí, la consistencia es una de las claves del crecimiento, porque no crecemos al llegar a un resultado, sino en el proceso. Al seguir y tener esta regla presente, el énfasis está en el proceso.

CONSISTENCIA > PERFECCIÓN

LOS DISPOSITIVOS DE COMPROMISO

¿Alguna vez te has atado a un mástil para evitar ser seducido por peligrosas sirenas? Yo tampoco, pero parece una buena idea. El pacto de Ulises, también conocido como dispositivo de compromiso (19), es un tipo de acuerdo personal que facilita la adhesión a un plan de comportamiento futuro. Normalmente, consiste en limitar las opciones de nuestro yo del futuro, para depender menos de nuestra fuerza de voluntad.

Estos son algunos ejemplos, aunque cada hábito cuenta con un montón de opciones distintas:

- Poner tu alarma al otro lado de la habitación para tener que levantarte a apagarla y así obligarte a madrugar.

- Dejarte el portátil en la oficina para no trabajar en casa y pasar más tiempo de calidad con tus amigos, pareja, familia... o incluso para desconectar.

- Contratar a un entrenador personal o quedar con un amigo para hacer ejercicio.

- Bloquear páginas web que te distraigan durante el horario laboral para concentrarte mejor.

- No tener alcohol o comida poco saludable en casa para comer mejor.

- Configurar transferencias automáticas para poner dinero en una cuenta de ahorro cada mes.

Los dispositivos de compromiso forman una parte natural de nuestra sociedad. Siempre contamos con compromisos con los demás, responsabilidades y contratos. Quizá *a priori* no parezca una buena idea limitarnos aún más, pero ¿por qué no? Nuestros hábitos son igual de importantes. Puedes aprovechar esos momentos con buenas intenciones que no impliquen estar en tu camita con el móvil cuando te gustaría hacer yoga antes de ir a trabajar. A todos nos pasa. Limítate. No acerques el móvil a la cama y dejarás de depender de tu fuerza de voluntad.

Existe una gran variedad de dispositivos de compromiso y cada uno es muy distinto en su nivel de restricción. A veces, no cumplirlos tiene grandes consecuencias negativas (ej.: tomar disulfiram al tratar el alcoholismo para tener una reacción adversa al alcohol). Otras simplemente limitan nuestro comportamiento futuro muy levemente, y nos toca a nosotros hacer el resto. Todo depende de la importancia de tu hábito objetivo y de la cantidad de ayuda que necesites.

Personalmente, me encanta crear pequeños compromisos para hacer que mis hábitos sean más fáciles. O, por lo menos, hacer más difícil saltarme mis buenos hábitos. Sé que Instagram es mi mayor distracción, por lo que suelo tenerlo desinstalado del móvil por defecto y accedo a él desde la web (en web va fatal, te lo recomiendo). También he estado yendo a pilates en el gimnasio cada lunes. Si me lo salto, pierdo el derecho a reservar más clases durante un tiempo, así que estoy obligada a ir, pero confesaré que nunca me he arrepentido de ir a pilates.

Al final, siento que está bien llegar a un equilibrio entre el compromiso y la independencia. Quiero tener sistemas de compromiso con los demás porque eso me motiva, pero sin llegar al punto en que dependa de ellos para hacer las cosas que me importan. Al principio quizá use más el compromiso, pero mi objetivo final es estar comprometida conmigo misma. Por ejemplo, me encanta hacer ejercicio acompañada: ir al gimnasio o a correr con amigos, hacer kickboxing en el parque... Los días en los que he quedado con alguien sé que voy a estar motivada para moverme. Sin embargo, a largo plazo, no puedo depender de que mis amigos estén siempre disponibles para hacer ejercicio con ellos. Con el tiempo, he construido rutinas que disfruto haciendo sola, y el resto es motivación extra. Por eso, el compromiso es especialmente efectivo al empezar a construir un hábito, y acabas dependiendo menos de él.

TU TURNO:

Escribe tres ideas de dispositivos de compromiso que puedas usar para ayudarte a construir tu hábito.

–

–

–

ALOMA:

«Cuando me propuse construir el hábito de leer me metí en un club de lectura en el que leíamos un libro al mes. A veces cuesta comprometerse con una misma así que a mí me ayudó tener que comprometerme también con otras personas. Ahora leo todos los días por puro placer, he descubierto libros maravillosos y he construido un hábito que me hace muy feliz. Al final ese es el objetivo de todos los hábitos, que mejore tu calidad de vida y te haga sentir mejor».

ENCADENACIÓN DE HÁBITOS

Todos tus hábitos están interconectados, tus hábitos anteriores actúan como desencadenantes para los futuros: llegas a casa, bebes agua, te pones tus zapatillas, tu playlist favorita, sales de casa y empiezas a correr. En este continuo de actividad, hay una serie de eventos únicos sucesivos. Encadenar hábitos consiste en usar un hábito anterior para desencadenar uno nuevo. Lo más efectivo es usar esos hábitos fuertes que haces muy automáticamente: despertarte, lavarte los dientes, desayunar, comer, llegar a casa, ducharte, etcétera. Te dejo algunos ejemplos de encadenación de hábitos:

- Después de levantarme, haré la cama.
- Al llegar a casa, haré unos minutos de respiraciones guiadas.
- Después de ducharme, pasaré diez minutos ordenando la casa.

Quizá este método te suene, ¡es como crear intenciones de implementación! Para que sean lo más efectivas, **es importante que tu nuevo hábito ocurra después de tu rutina actual**. Por ejemplo, en uno de los primeros estudios en investigar la encadenación, buscaban la estrategia más efectiva para crear el hábito de usar seda dental (20). La mitad de los participantes tenía que usarla antes de lavarse los dientes, y la otra mitad, después. Al final del estudio, las personas que la usaban después de lavarse los dientes acabaron con un hábito más fuerte. ¡Lo más fácil era usar la acción de lavarse los dientes como desencadenante!

Por eso, la ubicación de tu nuevo hábito dentro de tu rutina importa. Encontrar cómo encadenar el hábito que quieres construir a tu rutina actual puede facilitar la construcción del hábito.

EQUILIBRAR LA RUTINA CON LA FLEXIBILIDAD

Si le preguntas a cualquier investigador cómo construir un hábito automático y duradero, es probable que te diga que debes llevar a cabo la misma acción repetidamente en el mismo lugar y momento del día. Es verdad que la consistencia y las prácticas que hemos visto hasta ahora son efectivas, pero no son lo único que importa.

Leyendo el libro de la investigadora Katy Milkman, titulado *Cómo cambiar*, descubrí que la flexibilidad en nuestros hábitos es esencial. Ella y su equipo estaban interesados en ver si una rutina más estricta o una más flexible era mejor a la hora de formar el hábito de hacer ejercicio (21). Para ello, pagaron a algunos participantes por cada visita al gimnasio dentro de un horario fijo, y a otros por cada visita al gimnasio independientemente del momento del día. Pensaban que incentivar la consistencia crearía un hábito más fuerte que incentivar la flexibilidad. ¡Todo lo contrario! Al final, las personas que se habían acostumbrado a hacer ejercicio a una hora fija siguieron haciendo ejercicio a esa hora, pero menos que las personas que habían aprendido a ser flexibles. Si estas personas con un hábito rígido no iban a la hora exacta a la que estaban acostumbrados, no lo hacían nunca. Las personas que se habían acostumbrado a ser flexibles con su horario conseguían mucho más. Si no llegaban al gimnasio a las siete de la mañana, lo hacían por la tarde, y aprendían a llevar a cabo ese hábito adaptándose a las circunstancias de su día.

Eso nos muestra **que tener un plan y llevar a cabo las mismas acciones a la misma hora las va a automatizar, pero esta rigidez también puede impedir que formes un hábito duradero**. Porque la realidad es que las cosas no siempre van a ir como queremos y planeamos. Y lo digo yo, ¡que me encanta planificar las cosas y organizarlo todo! Pero una cosa que hay que tener clara con los planes, y es que deben tener espacio para las cosas que no podemos planear y predecir. Uno de mis hábitos más duraderos en el que veo esto reflejado es el journaling. Es un hábito que lleva años en mi vida, pero que nunca he llegado a automatizar. Ha habido muchos momentos donde tenía una rutina de escribir por la noche o al despertarme mientras desayunaba, pero ha ido cambiando y adaptándose a las circunstancias de mi vida.

Siento que esta flexibilidad es una diferencia clave entre los hábitos con los que llevas una temporada y los de por vida en los que acabas pudiendo depender de forma consistente. Permite poder crear espacio para ello y llevarlo a cabo cuando las circunstancias no son las ideales, cuando la vida no va como habías planeado.

TU TURNO:

Reflexiona sobre hábitos o rutinas que hayas dejado de lado en el pasado. ¿Has experimentado algún problema llevándolas a cabo de forma flexible?

____

____

____

____

¿Te sientes más inclinado hacia la rutina consistente o la flexibilidad en tus hábitos? ¿Por qué?

____

____

____

____

¿Hay algún hábito o rutina en tu vida que lleves a cabo de forma flexible? ¿Cómo te organizas para llevar este hábito a cabo en distintos momentos del día?

____

____

____

____

____

LA IDENTIDAD Y LOS HÁBITOS DE VIDA

La identidad es una representación mental de quienes somos, formada por las cosas que nos pasan, nuestros recuerdos, valores, emociones y demás. Desde pequeños, las cosas que hacemos y las que dicen sobre nosotros forman nuestro sentido de identidad. Llegamos a la adultez con un montón de ideas sobre quiénes somos, y muchos no nos damos cuenta de que no estamos hechos para ser siempre iguales. Nuestro concepto de identidad no es estable, lo reevaluamos y actualizamos constantemente conforme vivimos (22).

Aunque no sabemos con exactitud cómo ocurre, se dice que la relación entre nuestra identidad y nuestros hábitos es bidireccional: las cosas que hacemos informan de nuestra identidad, mientras que nuestra identidad informa de las cosas que hacemos (23).

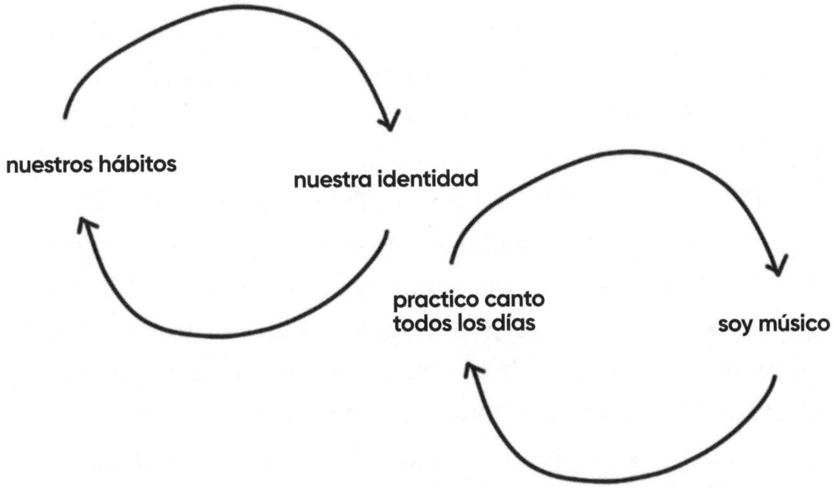

Esto nos puede mantener apegados a unos hábitos que ya no nos sirven. Por ejemplo, puede pasar que pienses que eres una persona desorganizada o una persona vaga y que no puedes hacer nada al respecto. Si realmente no crees que puedes cumplir tus objetivos, no vas a encontrar la motivación para trabajar en ellos, da igual los libros que leas o los consejos que aprendas. Sin embargo, dejar ir aquello que te limita y comprometerse a una nueva identidad es una gran motivación de cambio. **Tu identidad depende de ti. Lo que hayas hecho en el pasado o lo que los demás piensan de ti no te define**. Puedes crear la persona que quieres ser en cualquier momento, actuando como lo harías de serlo. Los poderes de la identidad tampoco son infinitos, no tiene por qué tener un impacto en los demás ni en cómo somos percibidos. Pero eso da igual, porque tiene poder sobre las cosas que están en nuestro control. Influye en el esfuerzo que le ponemos a las cosas que nos importan.

Es normal que actuar acorde con una nueva identidad se sienta raro al principio. Simplemente, dedícale presencia a tu incomodidad, porque es parte del proceso de cambio y lo que supone hacer algo distinto. Haz algo nuevo que te aporte y acepta tus nuevos hábitos como parte de ti mismo.

Adoptar un comportamiento como parte de tu identidad es una diferencia clave entre los hábitos que acabas dejando de lado y aquellos que forman parte de tu vida a largo plazo. Quizá experimentes esta sensación de presencia y permanencia en tu vida con alguno de tus hábitos. Hábitos de los que te puedes desconectar a veces porque sabes que van a estar ahí para ti cuando las circunstancias sean las adecuadas. Eso es lo bueno de las cosas que amas. Cuando las dejas de lado, siguen estando ahí para que las retomes. Siempre puedes volver a hacer yoga como antes, o pintar otra vez, o leer ese libro que tanto te gusta.

Mis hábitos más fuertes son aquellos que están ligados a mi identidad. Me considero una persona emocionalmente inteligente, y esto me ayuda a reflexionar y hacer journaling. Me considero una persona activa, y esto me ayuda a decidir ir al gimnasio o caminar a todas partes. También he observado los efectos de la identidad conforme escribía este libro. Cuando empecé, escribir era algo más en mi lista de cosas que hacer. Ahora, cuando alguien me pregunta lo que hago, he empezado a decir que soy escritora. Sigue sonando un poco raro, como si estuviera pretendiendo ser alguien que no soy, pero me voy acostumbrando a ello y dejando que forme una parte de mi identidad. Aceptar esa parte de mí (aunque se trate de un proyecto temporal) me ha ayudado a deshacerme de barreras mentales y a establecer la escritura como algo natural. Ahora, me despierto por la mañana, desayuno y escribo. Porque es lo que hago y la persona que soy en estos momentos. Me bloqueo y me cuesta, como a todo el mundo, pero vuelvo a escribir porque forma parte de mí.

TU TURNO:

Reflexiona sobre las barreras mentales que podrían estar impidiendo tu crecimiento. ¿Qué creencias sobre ti mismo te están limitando? ¿A qué partes de tu identidad te has apegado a lo largo de tu vida que ahora quieras dejar ir?

____

____

____

____

____

____

¿Qué tipo de persona te gustaría ser? Piensa en distintas situaciones de tu día a día. ¿Cómo actuarías en cada una? Durante la próxima semana, conviértete en esa persona.

____

____

____

____

____

____

UNA HERRAMIENTA PARA CONSTRUIR UN NUEVO HÁBITO

Para finalizar este capítulo y aplicar los conceptos que hemos estado aprendiendo, quería ofrecer una herramienta práctica que puedes utilizar cada vez que te plantees construir un nuevo hábito en tu vida. Es una versión adaptada de un ejercicio de Gardner y su equipo (24) orientado hacia profesionales de la salud que quieren impulsar la construcción de hábitos saludables en sus pacientes.

El ejercicio empieza con la fase de iniciación, donde puedes seleccionar el hábito más apropiado para cumplir tu objetivo. Es decir, encontrar la acción que quieres llevar a cabo y en qué situación del día lo vas a hacer. La fase de aprendizaje es el momento de construcción del hábito, cuando repites esa acción y construyes su automaticidad. Finalmente, esto culmina en la fase de estabilidad, donde la automaticidad del hábito llega a un lugar elevado y se mantiene en el tiempo.

INICIACIÓN → APRENDIZAJE → ESTABILIDAD

INICIACIÓN	APRENDIZAJE	ESTABILIDAD
motivación y selección del hábito	repetición del hábito y construcción de automaticidad	la automaticidad se mantiene

TU TURNO:

Iniciación

Decide el objetivo que te gustaría cumplir. ¿Hacia dónde quieres ir?

Escoge una acción sencilla que te ayude a acercarte a tu objetivo y que puedas hacer a diario.

Planea dónde y cuándo harás esa acción. Escoge una situación que experimentes cada día.

mi objetivo ______________________________

mi plan __________________ __________________

(cuándo) SITUACIÓN **(haré) ACCIÓN**

ej.: cuando acabe de cenar en casa, comeré una pieza de fruta

Aprendizaje

Haz la acción cada vez que te encuentres en esa situación. Esto hará que cada repetición sea un poco más fácil. Quizá te sea útil usar esta tabla para observar tu progreso y ayudarte a construir tu hábito hasta que se haga más automático. Cada columna de la tabla simboliza una semana, y puedes marcar con una cruz cada día de la semana que completes tu hábito. Si puedes, intenta aplicar también la regla de los dos días que hemos visto anteriormente, es decir, saltarte un día cuando lo necesites, pero nunca dos días seguidos. Al final de la semana, también puedes anotar cómo de automático se siente tu hábito para observar cuándo se estabiliza.

	1	2	3	4	5	6	7	8	9	10
Lunes										
Martes										
Miércoles										
Jueves										
Viernes										
Sábado										
Domingo										
¿Conseguido en al menos cinco días? (√/X)										
¿Cómo de automático se siente? (1-10)										

Estabilidad

Utilizando tus respuestas de automaticidad de la tabla, anota en qué semana empieza a mantenerse estable tu hábito. Cuando esto suceda... ¡Enhorabuena, has construido un hábito!

Las cosas que hacemos acaban formando nuestra vida. Aun así, tenemos el poder de influir en nuestros hábitos, de encontrar las cosas que nos hacen sentir bien. Después de leer este capítulo, espero que la construcción de hábitos sea un poco más fácil para ti y para que las cosas que hagas apoyen la vida que quieres. Tus hábitos cambian tu vida, y tú puedes cambiar tus hábitos.

RESUMEN

- No vas a llegar lejos forzándote a hacer algo de lo que no disfrutas. Céntrate en construir hábitos intrínsecamente recompensables.
- Disfruta aún más de tu hábito emparejándolo con otras cosas recompensables: tu lugar favorito, música, pódcast, café...
- Mantener la regularidad de tu hábito es más importante que ser perfecto, así que hazlo fácil (especialmente al principio) y usa la regla de los dos días para ser flexible pero consistente.
- Usa tus hábitos anteriores como desencadenantes.
- Usa dispositivos de compromiso para limitar a tu yo del futuro y hacer que tus buenos hábitos sean más fáciles.
- Construir flexibilidad es clave para crear hábitos sostenibles a largo plazo.
- Nuestros hábitos informan de nuestra identidad y nuestra identidad informa de nuestros hábitos, reflexiona sobre tus creencias limitantes y crea nuevas formas de percibirte a ti mismo.

¿No es gracioso cómo día a día no cambia nada, pero cuando se mira atrás todo es diferente?

C. S. Lewis

UN NUEVO COMIENZO

¡Bienvenido a nuestro capítulo final! Hasta ahora, nos hemos conocido un poco mejor, hemos planteado objetivos, superado obstáculos y construido hábitos. En este capítulo, vamos a consolidar todo lo que hemos aprendido hasta ahora para asegurarnos de que le sacas el máximo partido a este libro y pones en práctica los aprendizajes que más hayan conectado contigo. Si has disfrutado reflexionando y escribiendo durante tu lectura, también querría compartir unos consejos y ejercicios finales para mantener el journaling en tu día a día.

¿QUÉ PASA AHORA?

Una vez que conocemos tantas cosas sobre hábitos saludables, sobre la forma en la que queremos vivir, ¿por dónde seguimos?, ¿cómo convertimos todo esto en parte de nuestra vida?, ¿y de qué modo logramos mantener los hábitos en el tiempo? Esta puede ser una sección a la que accedas fácilmente cada vez que te apetezca repasar un poco las cosas que más te han gustado. ¡Vamos a ello!

APRENDER DE UN LIBRO

El conocimiento es poder, y todo el que puedas necesitar sobre un tema está ahí fuera. Sin embargo, el mayor poder del conocimiento es el que puede tener un impacto en la vida real. La mayoría de la gente pasa por momentos de realización al leer un libro: encontramos ideas que nos gustan y nos hacen parar a ver la vida de una forma distinta. Muchas veces leo un libro y pienso: «¡Qué consejo más bueno! Lo pondré en práctica cuando acabe de leer». Y luego nunca lo hago. La mayoría de lo que lees acaba olvidado. A no ser que leas simplemente por entretenimiento (que también está muy bien), ¡es una pena!

Cuando acabo de leer un libro del que he aprendido, intento reflexionar sobre ello y pensar en formas de relacionarlo con mi vida. Esto hace que toda la motivación que saco de él perdure más en el tiempo. Por eso, quería dejar un poco de espacio para hacer lo mismo aquí. Para convertir las cosas que has aprendido en acciones concretas. No hace falta que sean grandes planes de vida, simplemente actos pequeños que puedes empezar a implementar de inmediato.

TU TURNO:

Cuando leemos un libro, siempre hay ideas que olvidamos y otras que (con un poco de suerte) consiguen quedarse en nuestras vidas. Haz una lista con todos los aprendizajes de este libro que te gustaría poner en práctica en tu vida. Puedes mirar atrás si no te acuerdas de nada.

– –

– –

– –

– –

– –

Ahora, escoge tres ideas y especifica de qué forma las podrías poner en práctica. ¿De qué modo te van a ayudar? ¿Cómo y cuándo puedes implementarlas? Puedes volver a esta página durante los próximos días para recordártelo.

EMPEZAR POR EL PRINCIPIO

La persona que quieres ser hace todas estas cosas: se levanta pronto, mueve su cuerpo, lee, lleva buenos hábitos interpersonales y de trabajo... Tenemos muchísimas buenas intenciones, ¡quizá demasiadas! Entonces debemos resistir el impulso de hacerlo todo a la vez. Las personas que admiras no lo han conseguido todo de un día para otro. No se han despertado una mañana y empezado a hacer los siete hábitos de la gente exitosa de repente. Son cosas que han ido aprendiendo a hacer poco a poco. Intentar alcanzarlas a la vez puede impedir que un día llegues a hacerlas todas.

Lo importante es centrarse en los cambios pequeños pero con mayor impacto. ¿Qué cambios deberíamos priorizar? En el libro *El poder de los hábitos*, Charles Duhigg habla sobre aquellos clave. Estos hábitos son los que impulsan un cambio positivo en otras áreas de tu vida. Para muchos, un ejemplo de hábito clave es el ejercicio, ya que implementarlo hace que las personas acaben construyendo otros hábitos saludables casi sin ser conscientes de ello. Seguir un programa de ejercicio está relacionado con una reducción en el consumo de tabaco, alcohol y cafeína; y una mejora en la alimentación, la limpieza de la casa y los hábitos de estudio, entre otros (1). Por eso, en vez de intentar cambiarlo todo a la vez, céntrate en crear cambios clave que te aporten energía y motivación para provocar una reacción en cadena positiva en tu vida.

efectos hipotéticos de un hábito clave

MOVIMIENTO → DORMIR MEJOR → MÁS ENERGÍA → MENOS CAFEÍNA/AZÚCAR

MOVIMIENTO → MENOS ESTRÉS → SALUD MENTAL → MÁS PRODUCTIVIDAD

TU TURNO:

Piensa en los objetivos o hábitos que quieres conseguir que hayas ido desarrollando durante la lectura de este libro. ¿Cuál puede provocar una reacción en cadena positiva en tu vida?

____

____

____

____

____

____

MEDIR TU PROGRESO

Cada día del verano, tenía el objetivo de escribir tres mil caracteres. Al final del día, escribía el número al que había llegado y un par de frases sobre el trabajo, mis pensamientos o preocupaciones. Cada día, observaba crecer ese número, muy poco a poco. Medir mi progreso ha sido clave para sacar este gran proyecto adelante. Así, todo está más claro: el lugar al que quieres llegar y lo que te falta para conseguirlo. El progreso es muy lento, pero todo trabajo cuenta. **La consistencia es el progreso real, los pequeños esfuerzos sumados unos a otros. Te sorprendería lo lejos que pueden llegar**.

Esta herramienta ha sido investigada en un gran metaanálisis por Benjamin Harking y su grupo (2). Evaluando 138 estudios, encontraron que las intervenciones de supervisión tenían un efecto positivo tanto en la frecuencia del comportamiento como en los resultados. En otras palabras, medir tu progreso puede ayudarte tanto a mantener tus rutinas como a llegar a tus objetivos. Existen muchas formas de hacerlo. Puedes centrarte en la frecuencia con la que haces algo (ej.: el número de días que haces ejercicio) o medir el progreso hacia un resultado (ej.: la cantidad de dinero que has ahorrado). Este efecto es incluso más grande al medir el progreso físicamente: escribiendo, rellenando casillas, usando tablas o una aplicación. Esto hace que la información sea más difícil de ignorar y la tengamos más presente.

Medir nuestro progreso nos ayuda a entender las diferencias entre el lugar en el que estamos y aquel en el que queremos estar. De esta forma, es fácil identificar a qué cosas debemos dedicar nuestra energía para progresar.

Comunicar nuestros objetivos también puede hacer que pongamos más esfuerzo en conseguirlos, tanto por un sentido de responsabilidad hacia los demás como por el miedo a quedar mal. En un estudio, las personas que escribieron sus objetivos, los compartieron con alguien de confianza y comunicaron su progreso consiguieron alcanzarlos mejor que aquellas que no lo hicieron (3). Hablar sobre nuestros objetivos no es necesario, pero puede ser muy inspirador.

TU TURNO:

1. **Define tu hábito u objetivo:** lo más útil es que sea concreto y fácil de medir, como «Irme a dormir antes de las once cada día» o «Pagar mis préstamos de estudiante». Sin embargo, también es posible centrarte en algo más abstracto como «Mejorar mi autoestima».

2. **Escoge tu método de supervisión:** encuentra el método más apropiado de acuerdo con tu objetivo (una tabla de progreso, un diario, un documento digital...). Para objetivos abstractos puedes elegir un método de supervisión que te permita escribir sobre tus emociones.

3. **Escoge la frecuencia de supervisión:** si estás intentando crear un hábito, lo mejor sería medirlo cada día. Para otras cosas, un resumen semanal o mensual puede ser suficiente. Por ejemplo, yo hago un resumen financiero al final de cada mes para medir mi progreso de ahorro.

4. **Celebra el progreso:** permítete parar en distintos puntos para celebrar todo tu esfuerzo. Identifica logros de los que ser consciente de camino a tu objetivo (ej.: tras una semana de consistencia, tras un mes, al conseguir un 50 por ciento de lo que quieres...).

ACONSEJAR

Cuando no estamos consiguiendo vivir como queremos, normalmente asumimos que nos falta algo. Deseamos encontrar más información, a alguien que por fin nos motive y nos dé aquello que necesitamos. Si nos cuesta hacer algo, lo que más nos puede ayudar es recibir un buen consejo. Pero ¿y si fuera al revés? ¿Y si aconsejar motivara más que ser aconsejado? La investigadora Eskreis-Winkler se planteó esta pregunta. Entrevistando a diversas personas sobre aquello que los motivaba, se dio cuenta de la cantidad de conocimientos que ya tenían. Estas personas no necesitaban saber más acerca de los nuevos descubrimientos sobre la motivación humana, ya eran su propio experto. Solo precisaban de un empujoncito para poner en práctica todos sus conocimientos.

Para investigar los diferentes efectos de dar consejos, separaron a casi dos mil estudiantes de instituto en dos grupos: la mitad dieron consejos y la otra mitad no. Al principio del trimestre, estos adolescentes participaron en una actividad donde daban consejos a un estudiante más joven que quería mejorar sus notas. Sorprendentemente, ¡pasar diez minutos dando consejos al principio del trimestre mejoró sus notas al final de este! Resulta que los adolescentes ya sabían lo que necesitaban hacer para mejorar su trabajo (4). Obviamente, puedes aprender mucho de las personas que saben más que tú. Pero al final, sabemos lo que queremos hacer y lo que nos puede ayudar a alcanzarlo. Somos quienes mejor nos conocemos.

Una de las razones por las que aconsejar nos puede ayudar tanto es la confianza. Cuando estás constantemente fallando en uno de tus objetivos es fácil perder la confianza. Pensar que nunca vas a conseguir sacar buenas notas, perder peso o trabajar sin procrastinar. Cambiar de recibir consejos a darlos te fuerza a cambiar de perspectiva. A pensar en todas las cosas que ya sabes, todas las que están en tu control y las que te limitan.

Tengo claro que investigar herramientas de cambio en este libro y explicar cómo funcionan me ha dado mucha confianza en mis habilidades para cambiar. Lo bueno es que no hace falta escribir un libro para aprender a dar un consejo. Solo necesitas rodearte de personas que quieran seguir un camino como el tuyo. Formar parte de una comunidad y permitirte estar al nivel de todos los demás mientras aprendes de ellos. Sea una comunidad en línea, un club de deporte o una nueva amistad.

TU TURNO:

Si algún amigo tuyo estuviera intentando empezar un camino de desarrollo personal, ¿qué consejo le darías?

____
____
____
____

De todas las herramientas de cambio sobre las que has leído (para superar obstáculos, construir hábitos, marcar objetivos...), elige una y explica cómo funciona.

____
____
____
____
____

CREAR UN NUEVO COMIENZO

No es ninguna sorpresa que los nuevos comienzos nos inspiran a cambiar: el principio de un nuevo año, un cumpleaños, la vuelta a la rutina después de las vacaciones... Los nuevos comienzos nos dan una oportunidad de pasar página y volver a comprometernos con las cosas que nos importan. Si llevas unos días saltándote tu rutina de meditación o estás pasando por una mala racha, no pasa nada porque cada día supone volver a empezar. Puedes despertarte un nuevo día y hacer que sea un poco distinto.

¿Por qué nos motivan los nuevos comienzos? Dai y su equipo (5) sugieren dos procesos psicológicos por los que ocurre este efecto. Primero, los nuevos comienzos crean distancia entre la persona que éramos ayer y la que somos hoy. Nos desconectamos de nuestras imperfecciones pasadas, y esto nos motiva a acercarnos a la persona que queremos ser. Segundo, los nuevos comienzos cambian nuestro enfoque de corto a largo plazo. Cuando cada día se parece al anterior, es fácil perder esta visión de futuro. Entonces, **empezar de nuevo promueve una forma de pensar más aspiracional que prioriza decisiones positivas para nuestra vida a largo plazo**.

Esto no significa que un nuevo comienzo vaya a convertirte por arte de magia en una nueva persona, hay que poner el esfuerzo a largo plazo igualmente. Aunque esté motivada al inicio, el 55 por ciento de la gente abandona sus propósitos de Año Nuevo antes de febrero (6). Lo bueno es que el Año Nuevo solo es uno de estos nuevos comienzos. Podemos crear momentos así en cualquier momento del año, y cultivar la misma sensación al principio de un nuevo día, semana o mes. En un estudio (7), los participantes tuvieron tres veces más probabilidades de querer recibir un recordatorio de su objetivo en un día descrito como «el primer día de la primavera», en comparación con uno marcado como «el tercer jueves de marzo». Simplemente cambiar el enfoque hacia el nuevo comienzo (aunque se trate de la misma fecha) mejoró su motivación. Entonces, los pequeños y grandes comienzos pueden ocurrir en cualquier momento del año.

Además, muchos nuevos comienzos están marcados por un cambio en tu contexto, como cuando te mudas o empiezas un nuevo trabajo o relación. Como hemos visto, tu contexto está asociado con una serie de hábitos que te impulsan a actuar como lo has hecho anteriormente. Si cambias ese contexto (con un nuevo barrio o ambiente de trabajo), tus hábitos pasados tendrán menos poder en lo que haces. Dejamos de estar en un contexto específico que desencadena una asociación. Es el mejor momento para dejar ir un hábito o construir uno nuevo.

Somos especialmente sensibles en estos periodos de cambio, y las empresas también lo saben. Por ejemplo, hay campañas de marketing dirigidas hacia padres que acaban de tener un hijo (8). Al darles muestras gratis de sus pañales o toallitas en el hospital, crean una fidelidad de marca que puede influir en sus hábitos de consumo en este nuevo periodo de sus vidas. Los cambios de contexto son momentos clave en el cambio de hábitos. Por eso, también hay que tener cuidado, ponen en riesgo los hábitos positivos que ya hayamos construido. Igual lo has experimentado cuando vuelves de vacaciones y notas que te cuesta un poco recuperar la rutina. Es importante ser consciente de ello y tener paciencia al volver a las cosas que hacíamos.

TU TURNO:

Cuando miro atrás, veo mi vida como varios capítulos de un mismo libro: el capítulo viviendo en París, el capítulo en pareja, el capítulo de universidad... Reflexiona sobre los distintos capítulos de tu vida y márcalos en esta línea del tiempo, incluyendo eventos significativos que hayan marcado un nuevo comienzo. Puedes centrarte en toda tu vida, o solo los últimos años. ¿Cómo se llama el capítulo de tu vida en el que te encuentras ahora?

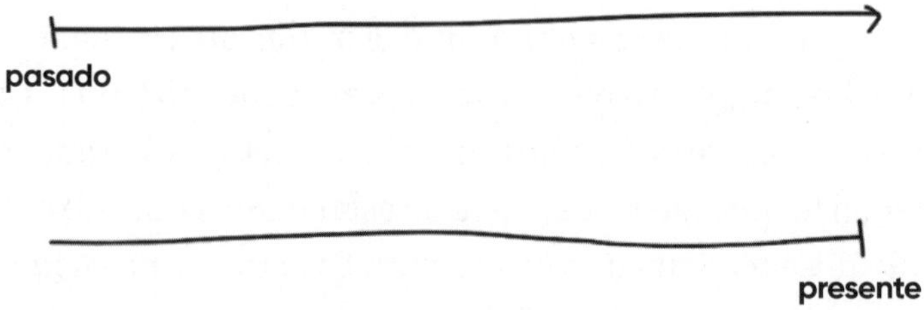

Escribe las próximas fechas que puedan suponer un nuevo comienzo en tu vida: el final de unas vacaciones, un evento religioso, un nuevo trabajo, mudanza, el primer día de la estación, del mes o de la semana. Cuando lo necesites, escoge una fecha para tener tu nuevo comienzo.

mis nuevos comienzos

RESUMEN

- **Identifica y prioriza cambios clave, aquellos que tienen un efecto en cadena positivo en tu vida.**
- **Encuentra motivación midiendo el progreso con tu objetivo o hábito, sea escribiendo o compartiéndolo con otros.**
- **Confía en tus habilidades y en todo el conocimiento que ya tienes sobre el cambio. Permítete ser tu propio experto, aconsejar y, sobre todo, poner en práctica todo lo que ya sabes.**
- **Encuentra pequeñas oportunidades para crear un nuevo comienzo en tu vida y aprovéchalas para impulsar el crecimiento.**

JOURNALING EN TU DÍA A DÍA

Hasta ahora, toda la escritura que has llevado a cabo en este libro ha sido guiada por distintos temas, con un enfoque. En esta sección final, quería compartir herramientas que te pueden ayudar a seguir escribiendo más allá de este libro, para que la escritura pueda formar parte de tu día a día. Lo bueno del journaling es que no hay una forma correcta de hacerlo. Es una práctica cien por cien personal que puedes hacer tan a menudo como quieras. Para muchos, acaba siendo una herramienta más para todos esos momentos de la vida donde necesitas un poco de apoyo, o simplemente quieres compartir tus pensamientos y quitarte un peso de encima.

CLAU:

«Creo que tengo la misma rutina de escritura desde que empecé hace un par de años, pero lo que sí ha cambiado es que ahora me dejo llevar un poco más según lo que necesite en cada momento y no me siento culpable si estoy un tiempo sin hacerlo. Por lo general mi práctica es bastante simple, consiste en un *brain dump* inicial y acabo haciendo una lista de cosas por las que me siento agradecida. A veces también añado una lista de cosas que puedo hacer por mí ese día, que me ayudarán a sentirme mejor. Y si necesito escribir porque me estoy sintiendo de X forma, también suelo buscar *prompts* para guiarme y poder encontrar una solución al problema que tengo o simplemente llegar a una conclusión o entenderme mejor».

ANXO:

«Hay periodos de mi vida en los que escribo todos los días (normalmente en épocas de estrés o en las que quiero documentar mi día a día), otras en las que escribo una vez a la semana y otras en las que escribo cada quince o veinte días para hacer una valoración más general de las últimas semanas. Creo que, con el tiempo, el journaling se ha vuelto para mí como una navaja suiza: una herramienta a mano eficaz para distintos objetivos concretos».

FREEWRITING

En el día a día, es común escribir guiándote por ti mismo y tus pensamientos. El freewriting es una técnica usada por escritores para superar bloqueos y filtros al escribir. Consiste en escribir sin parar, pero sin prisa, sin editar, sin preocuparse por si lo que escribes tiene sentido o si es gramaticalmente correcto. Escribir sobre cualquier tema que surja en tu mente. Y si el pensamiento que aparece es que no tienes ni idea de qué escribir, ¡escribe eso! No te puedes equivocar porque no hay una forma correcta de hacerlo. Puedes escribir con el objetivo de llenar una página (o dos o media) o escribir con un temporizador, empezando por cinco minutos (o menos si lo necesitas) e incrementando el tiempo conforme te sientas más cómodo. El objetivo es simplemente invitar a la presencia con tus pensamientos. De esta forma, convierte la escritura en algo más parecido a hablar, donde eres consciente de lo que estás diciendo, pero no tienes tiempo de refinarlo tanto. Puedes pensar en algo como hablarle a la página. Esto convierte la escritura en un proceso más que en un resultado.

TU TURNO:

Pon un temporizador de cinco minutos y escribe sin parar en ese periodo de tiempo. Escribe lo que quieras, lo que sea. Olvida lo que tienes que decir y las reglas. Solo céntrate en lo que surja en tu mente. No lo releas o revises hasta acabar.

JOURNALING POR LA MAÑANA

El día está empezando. Hay silencio en la casa. Escribir por la mañana te ayuda a empezar el día de forma más relajada y enfocada. De empezar el día con intencionalidad. Suelo estar con el móvil antes de salir de la cama o mientras me tomo mi café, pero los días en los que sustituyo este hábito por el de la escritura lo noto mucho. No hace falta complicarlo, simplemente con pasar de cinco a quince minutos escribiendo es suficiente y te puede ayudar a ser más consciente durante tu día.

TU TURNO:

Encuentra una mañana para probar estos ejercicios de journaling diario. Puedes poner tu alarma diez minutos antes o hacerlo un día del fin de semana cuando estés más libre. Después de probar estos ejercicios, puedes elegir los que más te hayan gustado para incorporarlos a tu práctica diaria.

CÓMO ME SIENTO HOY	TRES COSAS QUE AGRADEZCO
	1. 2. 3.
TRES COSAS QUE HARÍAN DE HOY UN BUEN DÍA	**MI PRIORIDAD ES...**
1. 2. 3.	
ALGO QUE ME EMOCIONE DEL DÍA	**CÓMO ME QUIERO SENTIR AL FINAL DEL DÍA**

JOURNALING POR LA NOCHE

Llega el final del día y este es un momento genial para pensar en las cosas por las que hemos pasado. Disfrutar y recordar lo bueno, enfrentarnos a nuestros retos y procesar nuestras emociones negativas. Muchas veces, los pensamientos sobre proyectos a medias impiden que durmamos bien, por lo que escribir sobre las cosas que queremos conseguir mañana también nos puede ayudar.

TU TURNO:

Esta noche, prueba estos ejercicios de escritura diaria. Puedes hacerlos al acabar de trabajar, de cenar o antes de dormir. ¿Qué ejercicios te gustan más o te parecen más útiles? En tu día a día, no hace falta hacer tantos, pero puedes elegir los que más te conecten para realizarlos regularmente.

EL MAYOR RETO DEL DÍA	TRES COSAS BUENAS QUE HAYAN PASADO HOY
	1. 2. 3.
LAS EMOCIONES QUE HE SENTIDO HOY	**COSAS QUE QUIERO HACER MAÑANA**
ALGO QUE NO QUIERO OLVIDAR	**ALGO QUE HE APRENDIDO**

FINAL DE LA SEMANA

Puedes usar las siguientes preguntas para reflexionar sobre tus emociones y los eventos que han ocurrido durante la última semana. Es un momento perfecto para escribir sobre las cosas que han pasado y cómo te han hecho sentir. Si has tenido una discusión con tu compañero de trabajo, cómo está yendo tu nuevo hábito de hacer yoga... Procesar y dejar ir. También puedes adaptar estas preguntas para hacer un repaso de final de mes.

TU TURNO:

¿CÓMO ME HE SENTIDO ESTA SEMANA?	¿QUÉ HA IDO BIEN ESTA SEMANA? ¿QUÉ HE CONSEGUIDO?
¿ESTOY ALINEADO CON LA VIDA QUE QUIERO VIVIR?	**¿QUÉ EVENTOS O EMOCIONES QUIERO PROCESAR O DEJAR IR?**

EMPEZAR UNA NUEVA SEMANA

Después de escribir sobre la semana actual, cambiamos el foco hacia la siguiente y cómo queremos que se vea. Aparte de marcar objetivos, me gusta pensar en algo que quiero dejar ir (ej.: autosabotaje, trabajar desde la cama, el uso intenso del móvil…) y algo que quiero retomar o incorporar (ej.: paseos después de cenar, un nuevo libro, una conversación pendiente…).

TU TURNO:

MIS OBJETIVOS:

1.
2.
3.

MÁS DE:	MENOS DE:

ANXO:

«Siempre digo que el journaling ha sido una de mis mejores herramientas para ganar claridad mental y guardar registro de algunos de los momentos más especiales de mi vida. Con los años he ido adaptando este momento de escritura según mis necesidades. Lo que empezó siendo un cuaderno lleno de horarios, esquemas, tablas y listas en mi etapa de estudiante de bachillerato se ha ido convirtiendo en un cuaderno de *dump* mental en el que prácticamente solo escribo sobre mi día, mis preocupaciones o mis reflexiones repentinas».

CONVERSACIONES PROFUNDAS

A lo largo de los años, he ido acumulando una larga lista de preguntas titulada *Conversaciones profundas*. Han salido de mis reflexiones, de posts en internet o de charlas con amigas. Me encanta tener una lista así porque es un modo de guiarme en todos los momentos en los que quiero reflexionar y conocerme un poquito mejor. También es una forma genial de pasar un buen rato con una amistad para profundizar en la relación y hablar de temas nuevos. Así, puedes llevarte este libro o hacer una foto para tu próximo plan. La forma en la que la utilizo es eligiendo un número aleatorio (sea con un generador online o simplemente diciéndolo sin mirar) y respondiendo preguntas entre personas por turnos. También hay muchas preguntas que puedes responder solo, para aquellos días en los que te apetezca escribir sobre algo distinto. He separado las preguntas que puedes usar siempre de las que solo puedes responder entre varias personas.

PREGUNTAS PARA HACER SOLO O ACOMPAÑADO:

1. ¿Qué emociones intentas evitar?
2. ¿Cuál ha sido la mejor fase de tu vida hasta ahora?
3. ¿Cuál ha sido la última película que te hizo llorar?
4. ¿Qué cualidades valoras más en una persona?
5. ¿Cuál es el mejor consejo que te hayan dado nunca?
6. Si estás de mal humor, ¿prefieres estar solo o con alguien que te acompañe?
7. ¿Qué cosas harías si solo te quedara una hora de vida?

8. ¿En qué partes de ti mismo estás trabajando?
9. ¿Qué haces para relajarte cuando estás estresado?
10. ¿Cómo lidias con los conflictos?
11. ¿Sientes que mereces ser amado?
12. ¿Qué puede hacer alguien para ayudarte cuando estás pasando por un mal momento?
13. ¿Cuál ha sido el mejor año de tu vida hasta ahora?
14. ¿Cuál es el lugar más bonito en el que has estado?
15. ¿Cómo sería un día perfecto en tu vida?
16. ¿Hay algo que lleves mucho tiempo soñando con hacer? ¿Por qué no lo has hecho aún?
17. ¿Qué es lo que más valoras en una amistad?
18. ¿Qué es lo que más valoras en una relación romántica?
19. ¿Cuándo fue la última vez que lloraste solo?
20. ¿Cuándo fue la última vez que lloraste con otra persona?
21. Top cinco de cosas que pasas más tiempo haciendo.
22. ¿Crees que tu apariencia es una buena representación de tu yo interior?
23. ¿Te consideras una persona romántica?
24. ¿Qué es lo que más te gusta de ti mismo?
25. ¿Qué es lo que más te gusta de tu apariencia?
26. ¿Qué te hace sentir amado?
27. ¿Qué cosas están ayudando a tu salud mental últimamente?
28. Una canción que se sienta como un abrazo.
29. ¿Qué título le darías a este capítulo de tu vida?
30. ¿Cuál es tu mayor preocupación actualmente?
31. ¿Qué comida te recuerda a tu infancia?
32. ¿Crees que tu nombre te pega? ¿Por qué?
33. ¿Cuál es la verdad más dura que has tenido que aceptar?

34. ¿Hay algo que necesites en este momento que no estés comunicando?
35. ¿Qué emociones estás sintiendo últimamente?
36. ¿Qué echas de menos?
37. ¿Hay algo de lo que te arrepientas?
38. ¿Hay algo por lo que aún te tengas que perdonar?
39. ¿Cuál ha sido el cambio más grande que has hecho en tu vida?
40. ¿Cómo describirías el sentimiento del amor?
41. ¿Cuándo fue la última vez en la que te sentiste cien por cien tú?
42. ¿Qué partes de ti mismo te gustaría dejar atrás?
43. ¿Qué cosas has tolerado en tu pasado que ya no quieras tolerar más?
44. ¿Qué consejo le darías a tu yo del pasado?
45. ¿Cuáles son las cosas de las que más orgulloso estás?
46. ¿Qué es lo más difícil de estar en una relación contigo?
47. Una cosa que quieras conseguir antes de morir.
48. ¿Te enamoras fácilmente?
49. Admite algo.
50. ¿Qué inseguridad te limita más?
51. ¿Con quién sientes que puedes ser más vulnerable?
52. ¿A quién admiras? ¿Por qué?
53. Cosas sobre ti que le parecerían increíbles a tu yo del pasado.
54. ¿Qué es lo que has aprendido de tu última relación?
55. ¿Cómo superaste tu primer amor?
56. ¿Cuál es la parte más difícil de tu trabajo?
57. Un momento en el que sentiste amor incondicional.
58. ¿Hay alguien a quien le debas una disculpa?
59. ¿Qué partes de ti sientes que son más difíciles de ser amadas?

60. ¿Cuál es tu cita o lema de vida favorito?
61. ¿Qué significa el éxito para ti?

PREGUNTAS PARA HACER ACOMPAÑADO:

62. ¿Qué tenemos en común?
63. ¿Qué cosas te intrigan sobre mí?
64. ¿Crees que intimido a los demás? ¿Por qué?
65. ¿Qué dice mi lenguaje corporal sobre mí?
66. Dime algo que nunca me hayas dicho.
67. ¿Cuál fue tu primera impresión de mí?
68. ¿Cómo puedo añadir un 1 por ciento más de felicidad a tu vida?
69. ¿Alguna vez he cambiado tu forma de ver el mundo?
70. ¿Qué sentimiento te sientes incómodo compartiendo conmigo?
71. ¿Qué podemos crear juntos?
72. ¿Por qué crees que nos conocimos?
73. ¿Te recuerdo a alguien?
74. ¿Cuál crees que es mi debilidad?
75. Pregúntame algo que te dé miedo preguntar.

SAQUEMOS CONCLUSIONES

Si estás aquí, probablemente te guste leer libros de autoayuda y aprender más sobre todos estos temas que te interesan. Me encanta informarme y espero leer muchos más libros a lo largo de mi vida, se lo recomiendo a todo el mundo. Aun así, espero que a través de este hayas podido pasar un tiempo escuchando tu voz interna además de la mía. Creo que muchas veces olvidamos escuchar nuestra propia voz y nuestros propios pensamientos. Buscamos más información sin acceder a toda la que ya tenemos dentro sobre nosotros mismos. Sobre las cosas que nos motivan y las que más nos ayudan. Pensando y probando puedes convertirte en tu propio experto, conocer tus fortalezas y los momentos en los que necesitas ayuda, descubrir la forma de apoyarte en tu camino.

Si aún no sabes qué haces con tu vida, no pasa nada, ¡yo tampoco! La razón por la que no consigo encontrar el camino que quiero seguir en mi vida es porque todos los caminos son bonitos. No hay uno correcto para mí, un único camino en el que vaya a poder ser feliz. Voy a poder ser feliz en muchos de los caminos que siga, y, si no lo hago, puedo cambiar. Puedo parar en cada momento y mirar dónde estoy, hacia dónde me dirijo. Siento que esto me quita mucha presión de decidir lo que quiero hacer con mi vida, pensar que «la decisión correcta» no existe.

Estoy segura de que cada uno de nosotros vivimos una multitud de vidas dentro de la nuestra. No eres la persona que eras hace cinco años ni la que serás dentro de diez. Espero que este libro te haya acompañado en una de ellas, o incluso apoyado en un pequeño cambio de vida. Sea ponerte a leer cada noche, empezar por fin a escribir sobre lo que sientes o dejar ese hábito que ya no te aporta.

Me parece bonito pensar en que el camino de crecimiento personal es para toda la vida. No hay ningún momento en el que llegas a saberlo todo ni a ser perfecto. Siempre va a haber cosas que estemos procesando, retos a los que nos enfrentemos, nuevos intereses o avenidas de crecimiento. Cuando estemos demasiado cómodos, la vida traerá algo nuevo: un reto, una alegría o una decepción. Parezca bueno o no, cada cambio es una oportunidad de evolucionar como persona, y estoy emocionada por todo lo que queda por aprender.

AGRADECIMIENTOS

Escribir un libro ha sido una experiencia única, es tan mágico y complejo como parece. Esta despedida no estaría completa sin agradecer su labor a todas las personas que lo han hecho posible.

Primero, gracias a todo el equipo de Penguin Random House por darme esta maravillosa oportunidad y creer en mí y en mi mensaje. Vuestra confianza desde ese primer e-mail me hizo creer en mí misma.

Gracias a todas las personas que han aportado su perspectiva en este libro: Aloma, Anxo, Berta, Clau, Celia, Irene, Mohe, Ren y Vitus. Gracias por vuestras palabras, por inspirarme y ayudarme a ver el mundo desde vuestra mirada.

Gracias a mis amigos y todas las personas que me apoyan día a día. Una de las cosas más bonitas de mi vida es poder compartir este camino con vosotros.

Sobre todo, gracias a mi familia por su apoyo incondicional desde el día en el que nací. Estaré eternamente agradecida por las oportunidades que me habéis dado para cumplir mis sueños.

BIBLIOGRAFÍA

Sobre el journaling

1. Elbow, P., *Writing without teachers*, Nueva York, Oxford University Press, 1975, pp. 134-135.

Capítulo 1. La vida que quieres

1. Diener, E., *et al.* «Recent findings on subjective well-being», *Indian Journal of Clinical Psychology*, vol. 24, n.º 1 (1997), pp. 25-41.
2. Blanchflower, D. G y Andrew J. Oswald , «Is well-being U-shaped over the life cycle?», *Social Science & Medicine*, vol. 66, n.º 8 (2008), pp. 1.733-1.749, <https://doi.org/10.1016/j.socscimed.2008.01.030>.
3. Ain, N. U., *et al.*, «Role of emotional intelligence and grit in life satisfaction», *Heliyon*, vol. 7, n.º 4 (2021), e06829, <https://doi.org/10.1016/j.heliyon.2021.e06829>.
4. Lyubomirsky, S. y Kari L. Tucker, «Implications of individual differences in subjective happiness for perceiving, interpreting and thinking about life events», *Motivation and Emotion*, vol. 22, n.º 2 (1998), pp. 155-186, <https://doi.org/10.1023/A:1021396422190>.
5. Abramson, L. Y., *et al.*, «Learned helplessness in humans: Critique and reformulation», *Journal of Abnormal Psychology*, vol. 87, n.º 1 (1978), pp. 49-74, <https://doi.org/10.1037/0021-843x.87.1.49>.
6. Rubenstein, L. M., *et al.*,«Cognitive attributions in depression: Bridging the gap between research and clinical practice», *Journal of Psychotherapy Integration*, vol. 26, n.º 2 (2016), pp. 103-115, <https://doi.org/10.1037/int0000030>.
7. Ebner-Priemer, U. W. y Timothy J. Trull, «Ecological momentary assessment of mood disorders and mood dysregulation», *Psychological Assessment*, vol. 21, n.º 4 (2009), pp. 463-475, <https://doi.org/10.1037/a0017075>.
8. Taylor, C. B., *et al.*, «The use of a real-time computer diary for data

acquisition and processing», *Behaviour Research and Therapy*, vol. 28, n.º 1 (1990), pp. 93-97, <https://doi.org/10.1016/0005-7967(90)90061-m>.

9. Blume, C., *et al.*, «Effects of light on human circadian rhythms, sleep and mood», *Somnologie*, vol. 23, n.º 3 (2019), pp.147-156, <https://doi.org/10.1007/s11818-019-00215-x>.
10. Pruessner, J. C., *et al.*, «Free cortisol levels after awakening: A reliable biological marker for the assessment of adrenocortical activity», *Life Sciences*, vol. 61, n.º 26 (1997), pp. 2.539-2.549, <https://doi.org/10.1016/s0024-3205(97)01008-4>.
11. Lovallo, W. R., *et al.*, «Caffeine stimulation of cortisol secretion across the waking hours in relation to caffeine intake levels», *Psychosomatic Medicine*, vol. 67, n.º 5 (2005), pp. 734-739, <https://doi.org/10.1097/01.psy.0000181270.20036.06>.
12. Drake, C., *et al.*, «Caffeine effects on sleep taken 0, 3, or 6 hours before going to bed», *Journal of Clinical Sleep Medicine*, vol. 9, n.º 11 (2011), pp. 1.195-1.200, <https://doi.org/10.5664/jcsm.3170>.
13. Wender, C. L. A., *et al.*,«The effect of chronic exercise on energy and fatigue states: A systematic review and meta-analysis of randomized trials», *Frontiers in Psychology*, vol. 13, <https://doi.org/10.3389/fpsyg.2022.907637>.
14. Recharge Energy, «Los reveladores datos de nuestra encuesta del sueño realizada a más de 3.000 españoles», https://recharge.energy/datos-encuesta-sueno-espanoles/
15. Maslow, A. H., «A theory of human motivation», *Psychological Review,* vol. 50, n.º (1943), pp. 370-396, <https://doi.org/10.1037/h0054346>.
16. Wahba, M. A. y Lawrence G. Bridwell, «Maslow reconsidered: A review of research on the need hierarchy theory», *Organizational Behavior and Human Performance*, vol. 15, n.º 2 (1973), pp. 212-240, <https://doi.org/10.1016/0030-5073(76)90038-6>.
17. Reis, H. T., *et al.*, «Daily well-being: The role of autonomy, compe-

tence, and relatedness», *Personality and Social Psychology Bulletin*, vol. 26, n.º (2000), pp. 419-435, <https://doi.org/10.1177/014616720026600 2>.

18. Scott, M. L. y Stephen M. Nowlis, «The effect of goal specificity on consumer goal reengagement», *Journal of Consumer Research*, vol.40, n.º 3 (2013), pp. 444-459, <http://dx.doi.org/10.1086/670766>.
19. Latham, G. P. y Edwin A. Locke, «Potential pitfalls in goal setting and how to avoid them», en G. P. Latham y E. A. Locke, eds., *New developments in goal setting and task performance*, Nueva York, Routledge, 1990, pp. 569-579.
20. Bateman, T. S. y Bruce Barry, «Masters of the long haul: Pursuing long-term work goals», *Journal of Organizational Behavior*, vol. 33, n.º 7 (2012), pp. 984-1.006, <https://doi.org/10.1002/job.1778>.
21. Gollwitzer, P. M. y Paschal Sheeran, «Implementation intentions and goal achievement: a meta-analysis of effects and processes», *Advances in Experimental Social Psychology*, vol. 38 (2006), pp. 69-119, <https://doi.org/10.1016/s0065-2601(06)38002-1>.

Capítulo 2. Tus obstáculos

1. Tice, D. M. y Roy F. Baumeister, «Longitudinal study of procrastination, performance, stress, and health: The costs and benefits of dawdling», *Psychological Science*, vol. 8, n.º 6 (1997), pp. 454-458, <https://doi.org/10.1111/j.1467-9280.1997.tb00460.x>.
2. Nunes, J. C. y Xavier Drèze, «The endowed progress effect: How artificial advancement increases effort», *Journal of Consumer Research*, vol. 32, n.º 4 (2006), pp. 504-512, <https://doi.org/10.1086/500480>.
3. Kemp, S., «Digital 2023 april global StatShot report», DataReportal (2023), <https://datareportal.com/reports/digital-2023-april-global-statshot>.
4. Brumby, D. P., *et al.*, «How do interruptions affect productivity?», en Caitlin Sadowski y Thomas Zimmermann, eds., *Rethinking Produc-*

tivity in Sofware Engineering, Mountain View, Apress, 2019, pp. 85-107, <https://doi.org/10.1007/978-1-4842-4221-6_9>.

5. Kushlev, K., *et al.*, «"Silence Your Phones": Smartphone notifications increase inattention and hyperactivity symptoms», *Proceedings of the 2016 CHI Conference on Human Factors in Computing Systems* (2016), pp. 1.011-1.020, <https://doi.org/10.1145/2858036.2858359>.
6. Ahmetoglu, Y., *et al.*, «To plan or not to plan? A mixed-methods diary study examining when, how and why knowledge work planning is inaccurate», *Proceedings of the ACM on Human-Computer Interaction*, vol. 4, n.º CSCW3 (2021), pp. 1-20, <https://doi.org/10.1145/3432921>.
7. Kahneman, D. y Amos Tversky, «Intuitive prediction: Biases and corrective procedures», en Daniel Kahneman, Pauol Slovic y Amos Tversky, eds., *Judgment under Uncertain: Heuristics and Biases*, Cambridge, Cambridge University Press, 1982, pp. 414-421, <https://doi.org/10.1017/cbo9780511809477.031>.
8. Cox, A. L., *et al.*, «Prioritizing unread e-mails: people send urgent responses before important or short ones», *Human Computer Interaction*, vol. 36, n.º 5–6 (2021), pp. 511-534, <https://doi.org/10.1080/07370024.2020.1835481>.
9. Frederick, S. y George Loewenstein, «Hedonic adaptation», en D. Kahneman, E. Diener y N. Schwarz, eds., *Well-being: The Foundations of Hedonic Psychology*, Nueva York, Russel Sage Foundation, 1999, pp. 302-329.
10. Brickman, P., *et al.*, «Lottery winners and accident victims: Is happiness relative?», *Journal of Personality and Social Psychology*, vol. 36, n.º 8 (1978), pp. 917-927, <https://doi.org/10.1037/0022-3514.36.8.917>.
11. Suh, E., *et al.*, «Events and subjective well-being: Only recent events matter», *Journal of Personality and Social Psychology*, vol. 70, n.º 5 (1996), pp. 1.091-1.102, <https://doi.org/10.1037/0022-3514.70.5.1091>.

12. Fujita, F. y E. Diener, «Life satisfaction set point: Stability and change», *Journal of Personality and Social Psychology*, vol. 88, n.º 1 (2005), pp. 158-164, <https://doi.org/10.1037/0022-3514.88.1.158>.
13. Etkin, J. y Cassie Mogilner, «Does variety among activities increase happiness?», *Journal of Consumer Research*, vol. 43, n.º 2 (2016), pp. 210-229, <https://doi.org/10.1093/jcr/ucw021>.
14. McCrae, R. R. y Paul T. Costa, «Personality, coping, and coping effectiveness in an adult sample», *Journal of Personality*, vol. 54, n.º 2 (1986), pp. 385-404, <https://doi.org/10.1111/j.1467-6494.1986.tb00401.x>.
15. Farhud, D. D., «Impact of lifestyle on health», *Iranian Journal of Public Health*, vol. 44, n.º 11 (2015), pp. 1.442-1.444.
16. Stosuy, B., *Stay Inspired: Finding Motivation for Your Creative Work*, Nueva York, Abrams, 2021.
17. Wilson, T. D., *et al.*, «Just think: The challenges of the disengaged mind», *Science*, vol. 345, n.º 6.192 (2014), pp. 75-77, <https://doi.org/10.1126/science.1250830>.
18. Danckert, J. y John Eastwood, *Out of My Skull: The Psychology of Boredom*, Cambridge, Massachusetts y Londres, Harvard University Press, 2020.
19. Davis, A., «JK Rowling On Getting Published», URBANETTE: Lifestyle Magazine & Blog (2018), <https://www.urbanette.com/jk-rowling/>.
20. Currey, M., *Daily Rituals: How Artists Work*, Nueva York Knopf, 2013. [Hay trad. cast.: *Rituales cotidianos: cómo trabajan los artistas*, Madrid, Turner, 2014].
21. Westgate, E. C., «Why boredom is interesting», *Current Directions in Psychological Science*, vol. 29, n.º 1 (2019), pp. 33-40, <https://doi.org/10.1177/0963721419884309>.
22. Vygotsky, L. S., *Mind in society: Development of Higher Psychological Processes*, Cambridge, Massachusetts y Londres, Harvard University Press, 1978.

23. Taleb, N. N., *Antifragile: Things that Gain from Disorder*, Londres, Penguin UK, 2012.
24. Burkeman, O., *Four Thousand Weeks: Time Management for Mortals*, Random House, 2021.

Capítulo 3. Tus rutinas

1. Wood, W., *et al.*, «Habits in everyday life: Thought, emotion, and action», *Journal of Personality and Social Psychology*, vol. 83, n.º 6 (2002), pp. 1.281-1.297, <https://doi.org/10.1037/0022-3514.83.6.1281>.
2. Gardner, B., «A review and analysis of the use of "habit" in understanding, predicting and influencing health-related behaviour», *Health Psychology Review*, vol. 9, n.º 3 (2014), pp. 277-295, <https://doi.org/10.1080/17437199.2013.876238>.
3. Duhigg, C., *The Power of Habit: Why We Do What We Do in Life and Business*, Nueva York, Random House, 2012.
4. Lally, P., *et al.*, «How are habits formed: Modelling habit formation in the real world», *European Journal of Social Psychology*, vol. 40, n.º 6 (2009), pp. 998-1.009, <https://doi.org/10.1002/ejsp.674>.
5. Judah, G., *et al.*, «Exploratory study of the impact of perceived reward on habit formation», BMC Psychology, vol. 6, n.º 62 (2018), <https://doi.org/10.1186/s40359-018-0270-z>.
6. Ramakrishnan, S., *et al.*, «The habitual tendencies questionnaire: A tool for psychometric individual differences research», *Personality and Mental Health*, vol. 16, n.º 1 (2021), pp. 30-46, <https://doi.org/10.1002/pmh.1524>.
7. Faries, M. B., «Why we don't "Just do it": Understanding the intention-behavior gap in lifestyle medicine», *American Journal of Lifestyle Medicine*, vol. 10, n.º 5 (2016), pp. 322-329, <https://doi.org/10.1177/1559827616638017>.
8. Neal, D. E., *et al.*, «The pull of the past», *Personality and Social Psychology Bulletin*, vol. 37, n.º 11 (2011), pp. 1.428-1.437, <https://doi.org/10.1177/0146167211419863>.
9. Gardner, B., «Modelling motivation and habit in stable travel mode

contexts», *Transportation Research Part F: Traffic Psychology and Behaviour*, vol. 12, n.º 1 (2009), pp. 68-76, <https://doi.org/10.1016/j.trf.2008.08.001>.

10. Quinn, J. M., *et al.*, «Can't control yourself? Monitor those bad habits», *Personality and Social Psychology Bulletin*, vol. 36, n.º 4 (2010), pp. 499-511, <https://doi.org/10.1177/0146167209360665>.
11. Wood, W., *et al.*, «Changing circumstances, disrupting habits», *Journal of Personality and Social Psychology*, vol. 88, n.º 6 (2005), pp. 918-933, <https://doi.org/10.1037/0022-3514.88.6.918>.
12. Betsch, T., *et al.*, «Oops, I did it again—relapse errors in routinized decision making», *Organizational Behavior and Human Decision Processes*, vol. 93, n.º 1 (2004), pp. 62-74, <https://doi.org/10.1016/j.obhdp.2003.09.002>.
13. James, W., *The Principles of Psychology*, Londres, Macmillan, 1980.
14. Sniehotta, F. F., *et al.*, «Action planning and coping planning for long-term lifestyle change: theory and assessment», *European Journal of Social Psychology*, vol. 35, n.º 4 (2005), pp. 565-576, <https://doi.org/10.1002/ejsp.258>.
15. Vries, H. De, *et al.*, «Parents' and friends' smoking status as predictors of smoking onset: findings from six European countries», *Health Education Research*, vol. 18, n.º 5 (2003), pp. 627-636, <https://doi.org/10.1093/her/cyg032>.
16. Levy, D. A. y P. R. Nail, «Contagion: a theoretical and empirical review and reconceptualization», Genetic, Social, and General Psychology Monographs, vol. 119, n.º 2 (1993), pp. 233-284, <https://pubmed.ncbi.nlm.nih.gov/8405969>.
17. Deci, E. L. y Richard M. Ryan, *Intrinsic Motivation and Self-Determination in Human Behavior*, Berlín, Springer, 1985, <https://doi.org/10.1007/978-1-4899-2271-7>.
18. Milkman, K. L., *et al.*, «Holding the Hunger Games hostage at the Gym: An evaluation of temptation bundling», *Management Science*, vol. 60, n.º 2 (2014), pp. 283-299, <https://doi.org/10.1287/mnsc.2013.1784>.

19. Bryan, G., *et al.*, «Commitment devices», *Annual Review of Economics*, vol. 2, n.º 1 (2010), pp. 671-698, <https://doi.org/10.1146/annurev.economics.102308.124324>.
20. Judah, G., *et al.*, «Forming a flossing habit: An exploratory study of the psychological determinants of habit formation», *British Journal of Health Psychology*, vol. 18, n.º 2 (2012), pp. 338-353, <https://doi.org/10.1111/j.2044-8287.2012.02086.x>.
21. Beshears, J., *et al.*, «Creating exercise habits using incentives: The trade-off between flexibility and routinization», *Management Science*, vol. 67, n.º 7 (2021), pp. 4.139–4.171, <https://doi.org/10.1287/mnsc.2020.3706>.
22. Vignoles, V. L., «Identity motives», en S. J. Schwartz, K. Luyckx y V. L. Vignoles, eds., *Handbook of Identity Theory and Research*, Nueva York, Springer, pp. 403-432, <https://doi.org/10.1007/978-1-4419-7988-9_18>.
23. Verplanken, B. y Jie Sui, «Habit and Identity: behavioral, cognitive, affective, and motivational facets of an integrated self», *Frontiers in Psychology*, vol. 10, <https://doi.org/10.3389/fpsyg.2019.01504>.
24. Gardner, B., *et al.*, «Making health habitual: the psychology of "habit-formation" and general practice», *British Journal of General Practice*, vol. 62, n.º 605 (2012), pp. 664-666, <https://doi.org/10.3399/bjgp12x659466>.

Capítulo 4. Un nuevo comienzo

1. Oaten, M. J. y Ken Cheng, «Longitudinal gains in self-regulation from regular physical exercise», *British Journal of Health Psychology*, vol. 11, n.º 4 (2006), pp. 717-733, <https://doi.org/10.1348/135910706x96481>.
2. Harkin, B., *et al.*, «Does monitoring goal progress promote goal attainment? A meta-analysis of the experimental evidence», *Psychological Bulletin*, vol. 142, n.º 2 (2016), pp. 198-229, <https://doi.org/10.1037/bul0000025>.

3. Matthews, G. (2012). «Goals research summary» (2012), <https://www.dominican.edu/sites/default/files/2020-02/gailmatthews-harvard-goals-researchsummary.pdf>.
4. Eskreis-Winkler, L., *et al.*, «A large-scale field experiment shows giving advice improves academic outcomes for the advisor», *Proceedings of the National Academy of Sciences of the United States of America*, vol. 116, n.º 30 (2019), pp. 14.808-14.810, <https://doi.org/10.1073/pnas.1908779116>.
5. Dai, H., *et al.*, «The fresh start effect: temporal landmarks motivate aspirational behavior», *Management Science*, vol. 60, n.º 10 (2014), pp. 2.563-2.582, <https://doi.org/10.1287/mnsc.2014.1901>.
6. Norcross, J. C. y Dominic J. Vangarelli, «The resolution solution: Longitudinal examination of New Year's change attempts», *Journal of Substance Abuse*, vol. 1, n.º 1 (1988), pp. 127-134, <https://doi.org/10.1016/s0899-3289(88)80016-6>.
7. Dai, H., *et al.*, «Put your imperfections behind you: Temporal Landmarks Spur Goal Initiation When They Signal New Beginnings», *Psychological Science*, vol. 26, n.º 12 (2015), pp. 1.927-1.936, <https://doi.org/10.1177/0956797615605818>.
8. Andreasen, A. R., «Life status changes and changes in consumer preferences and satisfaction», *Journal of Consumer Research*, vol. 11, n.º 3 (1984), pp. 784-794, <https://doi.org/10.1086/209014>.